# MANUEL

## DES

## COMMISSAIRES-PRISEURS,

## DES NOTAIRES,

### GREFFIERS, ET HUISSIERS

#### VENDEURS-DE-MEUBLES.

*Cet Ouvrage se trouve :*

| | | |
|---|---|---|
| A *Rheims,* | chez | Le Doyen, libraire. |
| *Bruxelles,* | —— | Demat, *idem.* |
| *Nancy,* | —— | Vincennot, *idem.* |
| *Metz,* | —— | Devilly, *idem.* |
| *Bordeaux,* | —— | Coudert, *idem.* |
| *Bruges,* | —— | Bogaërt-Dumortier, *idem.* |
| *Breda,* | —— | Van-Bergen, *idem.* |
| *Amsterd.,* | —— | Les FF. Van-Cleef, *idem.* |
| *Groningue,* | —— | Van-Boekeriu, *idem.* |
| *Milan,* | —— | Giegler, *idem.* |
| *Naples,* | —— | Borel et Pichard, *idem.* |

Et chez les principaux Libraires de l'Empire.

———

**AVIS.** — *Je ne reconnaîtrai pour authentiques que les Exemplaires qui porteront ma Signature, et je poursuivrai les Contrefacteurs.*

**DE L'IMPRIMERIE DE POULET,**

QUAI DES AUGUSTINS, N° 9.

# MANUEL

## DES

## COMMISSAIRES-PRISEURS,

### DES NOTAIRES,

### GREFFIERS, ET HUISSIERS

#### VENDEURS-DE-MEUBLES,

CONTENANT notamment les Instructions et Dispositions législatives concernant les Prisées, Ventes, Distributions de Prix, et Redditions de Comptes par les Officiers-vendeurs ; les Modèles de tous les Actes et Procès-verbaux commandés par ces opérations ; le Tarif des Frais que les Officiers-vendeurs peuvent payer aux Juges de paix et Officiers ministériels ; l'Ordre dans lequel ils doivent payer les Créances privilégiées ; le Tableau comparatif des Monnaies ; le Tarif de leur Valeur en francs ; le Tableau comparatif des Poids et Mesures ; le Tarif du Prix des Matières d'or et d'argent, sous le rapport des anciens et des nouveaux poids ; le Rapport du Calendrier français avec le Calendrier grégorien ; le Tarif des Droits de pesage, mesurage et jaugeage, insérés pour l'utilité de ces Officiers, et l'Examen de Questions relatives aux Notaires, Commissaires-priseurs, Courtiers de commerce, Syndics des faillites, etc. ;

OUVRAGE essentiel aux Fonctionnaires dénommés ci-dessus, à tous leurs Préposés, aux Tribunaux, aux Juges de paix, aux Avoués, aux Agens d'affaires, aux Courtiers de commerce, aux Marchands et Commerçans, à tous ceux qui fréquentent les ventes, et à toutes les personnes qui peuvent faire vendre des marchandises, meubles, effets, bijoux, tableaux, etc. ;

## PAR M. ***,

Ancien Avocat, Auteur de divers Ouvrages de législation et de jurisprudence.

~~~~~~~~~~

## PARIS,

A la Librairie d'Éducation et de Jurisprudence d'Alexis EYMERY, rue Mazarine, n° 30.

———————

1813.
~~~~~~~~~~

# ERRATA.

—

Page 22, lignes 4 et 5, au lieu de *s'il indique à-quelqu'un*, lisez *s'il indique quelqu'un.*

Page 242, lignes 2, 3, et 4, supprimez *quoique le récollement doive précéder la vente.*

Page 249, ligne 5, au lieu de *ci-après*, lisez *ci-dessus.*

Et page 257, ligne 14, au lieu de *comptées*, lisez *cottées.*

# MANUEL

DES

## COMMISSAIRES-PRISEURS,

### DES NOTAIRES,

#### GREFFIERS, ET HUISSIERS

##### VENDEURS DE MEUBLES.

---

## PRÉLIMINAIRE.

—

1. La loi des 21 et 26 juillet 1790, supprimant les offices des huissiers ou jurés-priseurs, a prononcé :

*Art.* 1<sup>er</sup>. « Les notaires, greffiers, huissiers et sergens sont autorisés à faire les ventes de meubles dans tous les lieux où elles étaient ci-devant faites par les jurés-priseurs.

*Art.* 2. « Les procès-verbaux de vente et de prisée faites par les officiers ci-dessus désignés, ne seront soumis qu'aux mêmes droits de contrôle que ceux des jurés-priseurs. »

Les articles suivans réglaient le tarif des sommes que ces officiers pouvaient recevoir par vacation de prisée, par rôle de grosse des procès-verbaux, et par enregistrement d'opposition.

C'est en vertu de cette loi que les notaires, greffiers et huissiers font les prisées et ventes de meubles, ailleurs qu'à Paris.

# PARTIE PREMIÈRE.

## DES COMMISSAIRES-PRISEURS.

## CHAPITRE PREMIER.

*Des Commissaires-priseurs ; où il en est établi ; pourquoi, depuis quand ; en quel nombre, et de leurs Fonctions.*

2. Depuis la loi des 21 et 26 juillet 1790, la loi du 27 ventôse an 9, publiée le 7 germinal suivant, y dérogeant, a établi des Commissaires-priseurs-vendeurs de meubles.

Cette qualification indique elle-

4    *Des Commissaires-priseurs*,
même la nature de leurs fonctions,
qui sont particulièrement de priser
et de vendre les meubles.

3. C'est pour Paris seul qu'ils sont
établis. Partout ailleurs, les mêmes
fonctions sont remplies par les notaires, greffiers et huissiers.

A Paris, aussi, ils exercent leurs
fonctions exclusivement ; et ils ont
la concurrence, pour les ventes, avec
les autres officiers, dans le département de la Seine.

La loi du 27 ventôse an 9 dispose
à cet égard :

*Art.* 1er. « A compter du 1er. floréal, les prisées des meubles et les
ventes publiques aux enchères d'effets mobiliers, qui auront lieu à Paris, seront faites exclusivement par
des Commissaires-priseurs-vendeurs
de meubles.

» Ils auront la concurrence pour

les ventes de même nature qui se feront dans le département de la Seine. »

*Art.* 2. « Il est défendu à tous particuliers, à tous autres officiers publics, de s'immiscer dans lesdites opérations qui se feront à Paris, à peine d'amende, qui ne pourra excéder le quart du prix des objets prisés ou vendus (1). »

Néanmoins le droit exclusif qu'ont les commissaires-priseurs n'est pas tellement absolu qu'il ne reçoive quelques exceptions. Le décret impérial du 22 novembre 1811, qui a été inséré au Bulletin des lois, n° 404, a donné aux Courtiers de commerce le droit de faire des ventes de Marchandises, toutefois avec l'autorisation du tribunal de commerce.

(1) Sur le Costume des Commissaires-priseurs, voyez ci-après le chapitre 7, section 4, n° 23.

## 6 *Des Commissaires-priseurs,*

*Art.* 1<sup>er</sup>. *de ce décret.* « Les ventes publiques de Marchandises *à la Bourse* et aux enchères, que l'article 492 du code de commerce autorise les Courtiers de commerce à faire en cas de faillite, pourront être faites par eux dans tous les cas (1), *même à Paris,* avec l'autorisation du tribunal de commerce, donnée sur requête.

(1) Par un décret impérial du 17 avril 1812, il a été décidé que les Courtiers de commerce ne pouvaient faire de ventes qu'à la Bourse, et par lots, dont le moindre ne peut pas être au-dessous de deux mille francs pour la place de Paris, et de mille francs pour les autres places de commerce. — Les tribunaux de commerce peuvent les fixer à un taux plus élevé, mais jamais au-dessus de cinq mille francs.

Ce décret, qui détermine le Mode d'Exécution de celui du 22 novembre 1811, relatif aux ventes publiques de Marchandises par les Courtiers de commerce, en date du

*Art.* 2. « Notre grand-juge, ministre de la justice, et nos ministres
de l'intérieur, des finances et du tré-

17 avril 1812 ( B. 430), est conçu dans les
termes qui suivent :

NAPOLÉON, Empereur des Français,
Roi d'Italie, Protecteur de la Confédéra-
tion du Rhin, Médiateur de la Confédé-
ration Suisse, etc., etc., etc.;

Considérant que, lorsque nous avons
rendu notre décret du 22 novembre 1811,
portant : « Les ventes publiques de mar-
» chandises à la bourse et aux enchères,
» que l'art. 492 du Code de commerce au-
» torise les Courtiers de commerce à faire
» en cas de faillite, pourront être faites
» par eux dans tous les cas, même à Paris,
» avec l'autorisation du tribunal de com-
» merce, donnée sur requête; » nous avons
ordonné qu'il serait fait un réglement qui
établirait une ligne de démarcation entre
les fonctions des Commissaires–priseurs et
celles des Courtiers de commerce;

Notre Conseil d'Etat entendu,

sor impérial, sont chargés, chacun en ce qui le concerne, de l'exécution

Nous avons décrété et décrétons ce qui suit :

*Art.* 1er. Les marchandises désignées au tableau annexé au présent décret, sont celles que les Courtiers de commerce, à Paris, peuvent vendre à la Bourse et aux enchères, après l'autorisation du tribunal de commerce, donnée sur requête.

2. Dans les autres villes de notre Empire, les tribunaux et les chambres de commerce dresseront un état des marchandises dont il pourrait être nécessaire, dans certaine circonstance, d'autoriser la vente à la Bourse et aux enchères par le ministère des Courtiers de commerce, et le soumettront à l'approbation de notre ministre des manufactures et du commerce.

Les tribunaux et les chambres de commerce donneront aussi leurs avis sur les projets de réglemens locaux relatifs aux mesures d'exécution.

3. Dans toutes les villes, toutes les fois

du présent décret, qui sera inséré au
Bulletin des lois. »

qu'il s'agira de procéder à de telles ventes, et
avant que les tribunaux de commerce puissent accorder leur autorisation, sauf les
cas de faillite, les Courtiers déposeront au
greffe du tribunal de commerce une déclaration, sur papier timbré, du négociant, fabricant ou commissionnaire qui
aura demandé la faculté de vendre aux enchères, portant que les marchandises à
vendre à la Bourse, en vente publique et
aux enchères, sont sa propriété ; ou bien
qu'elles lui ont été adressées du dehors par
des marchands ou négocians qui l'ont autorisé à les vendre et à les réaliser par la
voie de la vente publique et à la Bourse ; ou
bien encore que le produit desdites ventes
doit servir à rembourser des avances faites,
ou à payer des acceptations accordées, par
suite de l'envoi desdites marchandises.

Néanmoins, et malgré les cas énoncés
ci-dessus, les tribunaux de commerce seront juges de la validité des motifs.

4. Avant de procéder aux ventes men-

Aux termes de l'article 464 du code de commerce, les Agens de faillite font retirer de dessous les

tionnées ci-dessus, il sera dressé et imprimé un catalogue des denrées et marchandises à vendre, lequel portera la date de l'approbation accordée par le tribunal de commerce, et sera signé par le Courtier chargé de la vente.

Ce catalogue contiendra sommairement les marques, numéros, nature, qualité et quantité de chaque lot de marchandises, les magasins où elles sont déposées, les jours et les heures où elles pourront être examinées, et les jours et les heures où la vente publique et aux enchères en sera faite à la Bourse.

Seront également mentionnées les époques des livraisons, les conditions de paiement, les tares, avaries, et toutes les autres indications et conditions qui seront la base et la règle du contrat entre les vendeurs et les acheteurs..

Ces imprimés seront affichés aux lieux

scellés et font vendre ( mais non aux enchères ) les denrées et marchandises sujettes à dépérissement

les plus apparens et les plus fréquentés de la Bourse, pendant le temps qui sera fixé par le tribunal de commerce, mais au moins pendant les trois jours consécutifs qui précéderont la vente.

5. Au moment de la vente, et avant qu'il soit procédé aux enchères, un échantillon de chaque lot sera exposé sur le bureau, et placé de manière que les acheteurs puissent l'examiner, et le comparer avec l'indication portée sur l'imprimé.

6. En marge de chaque lot, et lors de la vente, seront écrits les noms et demeures des acheteurs, et le prix de l'adjudication.

Les lots ne pourront être, d'après l'évaluation approximative, et selon le cours moyen des marchandises, au-dessous de deux mille francs pour la place de Paris, et de mille francs pour les autres places de commerce.

Les tribunaux de commerce pourront les

prochain, après avoir exposé leurs motifs au commissaire de la faillite, et obtenu son autorisation. —

fixer à un taux plus élevé ; mais, dans aucun cas, les lots ne pourront excéder une valeur de cinq mille francs.

7. Les enchères seront reçues et les adjudications faites par le Courtier chargé de la vente. Il dressera procès-verbal de chaque séance d'enchères ; et, dans les vingt-quatre heures, il le déposera au greffe du tribunal de commerce.

8. Après chaque séance d'enchères, les noms des acheteurs, le numéro des lots et les prix d'adjudications seront recordés ; et les acquéreurs apposeront leur signature sur les feuilles qui contiendront leurs enchères, en témoignage de reconnaissance des lots qui leur sont échus.

S'il s'élevait à cet égard quelques difficultés, la déclaration du Courtier vaudra ce qu'elle vaudrait dans les achats et ventes de gré à gré.

9. Faute par l'adjudicataire de prendre

Les marchandises non-dépérissables
ne peuvent être vendues par les
Agens qu'après la permission du

livraison dans les délais fixés, la marchandise sera revendue à sa folle enchère, et à
ses périls et risques, trois jours après la
sommation qui lui aura été faite de recevoir, et sans qu'il soit besoin de jugement.

10. Après les livraisons des marchandises, les comptes seront dressés par les
négocians vendeurs; ils seront visés par le
Courtier chargé de la vente, et ils seront
ainsi payés par les acheteurs, suivant les
conditions des enchères.

11. Le droit de courtage pour ces ventes
sera fixé par les tribunaux de commerce;
mais, dans aucun cas, il ne pourra excéder
le droit établi dans les ventes de gré à gré
pour les mêmes sortes de marchandises.

12. En cas de contestation, elle sera
portée devant le tribunal de commerce,
qui prononcera, sauf l'appel s'il y a lieu.

13. Au surplus, les Courtiers de commerce se conformeront aux dispositions

tribunal de commerce ( mais ils peuvent l'être avec cette permission), et sur le rapport du commissaire.

Conformément aux art. 491 et 492 du même code, « l'inventaire ter-

prescrites par la loi du 22 pluviôse an 7, concernant la vente publique des meubles.

14. Notre Ministre des manufactures et du commerce est chargé de l'exécution du présent décret, qui sera inséré au Bulletin des Lois.

Signé **NAPOLÉON.**

Par l'Empereur :

*Le Ministre Secrétaire d'État,*

Signé LE COMTE DARU.

———

## TABLEAU.

Alizari, alun, amandes, amidons, anis vert, argent-vif. — Bois de teinture, bois d'acajou, bois d'ébène, borax raffiné, brai.

miné, les marchandises, l'argent, les titres actifs, meubles et effets du failli sont remis aux Syndics, qui s'en chargent au pied dudit inventaire.

» Les Syndics peuvent, sous l'au-

— Cacao, café, camphre, canelle, caret, céruse, chanvre, cire, cotons en laine, cochenille, colle, couperose, crême de tartre, cuirs en poil. — Dents d'éléphant. — Eau-de-vie, étain, essence de térébenthine. — Fanon de baleine, fer-blanc. — Galles, garance, girofle, gommes. — Huiles. — Indigo, jalap, ipécacuanha. — Laines, litarge. — Manne, mélasse, miel, Minium, morue, muscades. — Nankins. — Opium. — Piment, plombs, poivre, potasse, prunes d'Antes en caisse. — Quercitron, quinquina. — Réglisse, rhubarbe, riz, rocou. — Safran, safranum, salsepareille, savon, sel, soudes, soufre en canne et en masse, soie de porc, sumac, sucre, sucre de réglisse, suif. — Thé. — Vanille, verdet, vins. — Zinc.

torisation du commissaire, procéder à la vente des effets et marchandises du failli, soit par la voie des enchères publiques, par l'entremise des Courtiers, et à la Bourse (soit par les Commissaires-priseurs), soit à l'amiable, à leur choix. »

Et suivant l'article 528 du même code, « les Syndics définitifs (qui représentent la masse des créanciers dans le cas de leur union), poursuivent, en vertu du contrat d'union, la vente des marchandises et effets mobiliers du failli....., le tout sous la surveillance du juge-commissaire, et sans qu'il soit besoin d'appeler le failli. »

4. La cause qui a fait créer les Commissaires-priseurs est énoncée dans cette partie qui suit de l'Exposé des motifs, fait par les orateurs du gouvernement, lors de la présentation au

corps législatif de la loi du 29 ventôse an 9 : « Avant la révolution, des lois purement fiscales avaient établi des jurés-priseurs (1) sur toutes les parties du sol français ; c'était un abus, il a été réformé.

(1) Le motif de l'établissement des *Huis-siers-priseurs* était, comme on l'a senti lors de la loi du 27 ventôse an 9, la nécessité de remédier à l'abus effrayant résultant de ce que toutes sortes de personnes s'ingéraient de faire des prisées et des ventes. Quelques-unes de ces personnes se livraient au commerce pour leur propre compte, entretenaient des intelligences coupables avec les marchands fréquentant les ventes, et les favorisaient dans les adjudications.

Cet abus avait disparu pendant deux cents ans qu'avaient existé les *Huissiers-pri-seurs.*

Comme il s'était renouvelé par leur suppression, les législateurs ont senti le besoin d'établir des officiers qui les remplaçassent,

Mais, s'il était juste de supprimer ceux de ces fonctionnaires qui ne devaient leur existence qu'à une loi bursale, il était juste également de maintenir ces fonctionnaires quand leur ministère était reconnu d'absolue nécessité.

« Ils sont inutiles là où les richesses

surtout à Paris, où tant de fortunes consistent en mobilier.

Une des attributions des *Huissiers-priseurs* à Paris, qui, d'ailleurs, y exerçaient leurs fonctions exclusivement et concurremment dans la prévôté et vicomté de Paris, était le *Droit de suite* dans tout le royaume. On a remarqué que ce droit de suite simplifiait beaucoup les opérations, et les accélérait ; mais, comme chaque officier ne peut exercer que dans son ressort, ce droit a été aboli. Peut-être pourra-t-on l'accorder aux Commissaires-priseurs, comme il est accordé aux Notaires dans tout le ressort de la cour impériale, par la loi du 25 ventôse an 11, relative à l'organisation du notariat.

mobilières sont peu considérables ; ils sont nécessaires là où le mobilier fait une portion essentielle des fortunes particulières.

» L'existence de ces fonctionnaires était, sous ce point de vue, d'absolue nécessité pour Paris ; et il n'est point hors de propos de rappeler à ce sujet, que leur établissement remonte au quinzième siècle.

« En les établissant, ont dit les orateurs du Gouvernement en terminant l'Exposé des motifs , vous faites disparaître une immense quantité d'abus, vous supprimez ces scandaleux encans (1), ouverts par la mauvaise foi, où les objets volés trouvent un *recelé* facile, où l'on n'expose que des marchandises inférieures ou détériorées, où le public est indignement trompé par des enchères simu-

(1) On voyait alors des Ventes publiques partout Paris.

lées.—Vous assurez au fisc la perception des droits établis et dont il est
chaque jour frustré ; vous déjouez
les injustes coalitions des marchands
courant habituellement les ventes
pour acheter à vil prix , et partager
ensuite un bénéfice illicite sur les
objets vendus ; vous rendez au commerce légitime du marchand en bou-
tique ou en magasin , les occasions
de ventes dont ces encans le privent
journellement ; enfin, par le cautionnement exigé, ainsi que par la mo-
ralité des fonctionnaires qui seront
choisis , vous garantissez la solvabilité de ces fonctionnaires , dépositaires nécessaires et forcés. »

5. Le nombre des Commissaires-
priseurs - vendeurs est de quatre-
vingts. *Art. 8 de la loi du 27 ventôse
an* 9.

Le nombre en était de cent vingt,
à Paris, lors de la suppression.

Mais alors ils avaient le droit d'instrumenter dans toute la France. Comme ce droit ne leur a point été continué, il en est résulté une diminution de travail, qui a nécessité leur réduction.

# CHAPITRE II.

*De la Nomination des Commissaires-priseurs ; de leur Cautionnement et de leur Serment.*

6. Les Commissaires-priseurs-vendeurs sont nommés par l'Empereur, sur une liste de candidats qui est soumise au gouvernement par le tribunal de première instance du département

de la Seine. *Art.* 9 *de la Loi du* 27 *ventôse an* 9.

Lorsqu'un Commissaire-priseur se démet de son office, s'il indique à quelqu'un, et que cette personne n'ait démérité en aucune manière, le tribunal du département de la Seine, par son président ou son procureur impérial, présente ce candidat au Gouvernement, qui soumet cette présentation à l'Empereur, qui agrée ou refuse le candidat.

7. Le Commissaire-priseur agréé de Sa Majesté verse au trésor public, par forme de cautionnement, une somme de vingt mille francs (1), dont il lui est payé un intérêt (de huit cents francs), à raison de quatre pour cent, conformément à la loi du 9 frimaire an 9. *Art.* 10 *de la loi du* 27 *ven-*

______

(1) Le Cautionnement n'était dans l'origine que de dix mille francs.

tôse , *et disposition législative sub-*
*séquente.*

Le cautionnement fourni par le Commissaire-priseur démissionnaire pourrait rester au lieu et place de celui à verser par le successeur, qui alors rembourserait lui-même le cautionnement au démissionnaire. Ce cautionnement deviendrait la propriété du successeur, au moyen de la déclaration que ferait le démissionnaire, qu'il a été remboursé du montant par lui.

Mais cela ne se pratique pas ainsi. Le successeur est obligé de verser lui-même son cautionnement de vingt mille francs à la caisse d'amortissement. Les raisons sont, que le Cautionnement du prédécesseur reste en dépôt à la caisse pendant les trois mois que doit être affichée au greffe du tribunal civil sa déclaration de démission ; que ce dépôt ne lui est rendu que sur le certificat du greffier que cette déclaration a été affichée pendant ce temps, et que sur le certificat du caissier de la caisse d'amortissement, qu'il n'est pas survenu d'opposition à la remise du cautionnement, et que le démissionnaire a versé à la caisse tous les reliquats de ses ventes, d'après l'apurement de ses comptes fait par la chambre de discipline des Commissaires-priseurs.

8. Celui qui est nommé, prête serment devant le tribunal de première instance. *Art. 8 de la loi du 27 ventôse an 9.*

Le tribunal ne peut admettre à la prestation du serment que celui qui justifie de la quittance du cautionnement.

Et même le jugement qui donne acte du serment, mentionne la quittance.

Le serment que prête le Commissaire-priseur est celui prescrit par l'article 56 de l'acte des constitutions du 28 floréal an 12, d'obéissance aux constitutions de l'Empire, de fidélité à l'Empereur, et, en outre, de remplir ses devoirs avec exactitude et probité.

# CHAPITRE III.

## *De l'Instruction et des Qualités que doivent avoir les Commissaires-priseurs, et de leurs Devoirs.*

9. Il importe aux Commissaires-priseurs d'avoir fait quelques études préliminaires des lois et de la procédure, conséquemment d'avoir tra-

vaillé soit chez les notaires, soit chez les avoués, ou d'avoir étudié aux écoles de droit, afin d'être en état de bien comprendre le sens des dispositions législatives, et de les exécuter ponctuellement.

Les connaissances particulières qu'ils doivent avoir, ce sont celles des valeurs des meubles ou effets mobiliers en général, afin de n'être point exposés à les priser à trop haut ou à trop bas prix. Néanmoins ces connaissances ne s'acquièrent guère que par l'usage, et il peut suffire au Commissaire-priseur qui commence, d'avoir les notions communes à cet égard.

Une attention qu'ils doivent avoir, que la prudence et la raison leur recommandent, et qu'ont ordinairement les commissaires-priseurs exercés ; c'est, lorsqu'ils ont à priser des objets précieux, de riches meubles,

des diamans, des tableaux, des livres,
de ne le faire qu'assistés de gens de
l'art.

10. La vertu qui doit distinguer
éminemment les Commissaires-priseurs, comme tous les fonctionnaires
publics et les officiers ministériels,
c'est une probité sévère  On conçoit
quel tort pourrait causer à ceux qui
l'emploieraient dans son état, un officier susceptible de prévention ou de
corruption.

Les Commissaires-priseurs doivent
être pénétrés de tous les devoirs im-
posés aux dépositaires publics, et ne
jamais s'en écarter. Les articles 169
à 173 du code pénal, qui punissent
les soustractions commises par des
comptables ou dépositaires publics, leur seraient appliqués s'ils
se rendaient coupables de ce crime.

La loi a fixé les émolumens qui
leur sont alloués : ils ne peuvent en

exiger de plus forts sans s'exposer à être poursuivis.

En quel cas pourraient-ils être accusés de Concussion ? Cette question mérite bien qu'on l'examine.

L'article 174 du Code pénal déclare concussionnaires les officiers publics, leurs commis ou préposés, lorsqu'ils ordonnent de percevoir, ou exigent ou reçoivent ce qu'ils savaient n'être pas dû, ou excéder ce qui était dû pour droits, taxes, salaires ou traitemens, et il les punit des peines qu'il a prononcées.

Les Commissaires-priseurs qui, ayant avancé, relativement à quelques-unes de leurs opérations, les droits d'enregistrement, les droits de greffe ou autres droits dus à l'Etat, demanderaient sciemment des sommes plus fortes que celles par eux avancées, et s'appliqueraient l'excédant, ou qui prendraient par vacation des sommes plus fortes que celles que la loi leur accorde : par exemple, 7 ou 8 pour 100 dans le cas où la loi ne leur attribue que 5 ; ou qui exigeraient les rétributions de plus de vacations qu'ils n'en auraient faites, ces Commissaires-priseurs pourraient, suivant nous, encourir les peines prononcées contre les concussionnaires.

Nous disons *de plus de vacations qu'ils n'en auraient faites :* nous ne bornons pas leurs vacations à celles des prisées, des ventes, des déclarations, etc. Il en est d'autres, telles que celles d'arrangemens des meubles et effets à vendre, qui doivent être comprises dans le nombre de leurs vacations.

Mais si les Commissaires-priseurs, ayant fait des vacations extraordinaires, ayant soldé des faux frais, et, comme il arrive souvent, des dépenses de bouche entre les héritiers et eux , ayant avancé des frais de voiture ou autres frais , ayant payé des hommes de peine employés au transport ou au déplacement des meubles et effets , ayant acquitté les salaires de ceux qui ont coopéré aux ventes , des crieurs , par exemple , réclamaient toutes ces avances , tous ces déboursés, le paiement de leurs vacations extraordinaires, toutes choses qu'ils savaient leur être dues , ils ne devraient point encourir la peine infligée aux concussionnaires. La loi peut être sévère , mais elle ne veut point être injuste , puisque la justice est le caractère distinctif des lois.

Seulement, si les dépenses étaient jugées excessives , si les faux frais paraissaient faits inconsidérément, si les vacations extraordinaires étaient reconnues inutiles, elles seraient sujettes à réduction ou même au rejet, qui seraient faits par le juge. Les Commissaires-priseurs n'auraient plus que le recours à la reconnaissance et à la justice des héritiers.

L'esprit d'ordre, l'exactitude, la surveillance sur les préposés ou collaborateurs qu'ils sont obligés d'employer, sont des qualités qui ne doivent pas moins distinguer les commissaires-priseurs.

## CHAPITRE IV.

*Des diverses Attributions des Commissaires-Priseurs, des Actes qui leur sont interdits, et de l'Autorité qu'ils peuvent exercer dans les Ventes.*

11. Les Commissaires-priseurs-vendeurs de meubles peuvent recevoir

toutes déclarations , ( dires , réquisitions , protestations ) concernant
les ventes qu'ils ont faites ou qu'ils
sont chargés de faire ; lesquelles
déclarations s'insèrent au procès-
verbal.

Ils peuvent recevoir et viser toutes
les oppositions qui y sont formées,

Introduire devant les autorités
compétentes ( le président du tribunal de première instance ou de la
Cour impériale , ou le juge ou le
conseiller en faisant les fonctions )
tous référés auxquels leurs opérations peuvent donner lieu , et citer,
à cet effet , les parties intéressées
devant lesdites autorités. *Art. 3 de
la loi du 27 ventôse an 9.*

12. Toute opposition, toute saisie-
arrêt, formées entre les mains des
Commissaires-priseurs-vendeurs, relatives à leurs fonctions, toute signification de jugement prononçant la

validité desdites opposition ou saisie-
arrêt, sont sans effet, à moins que
l'original desdites opposition, saisie-
arrêt ou signification de jugement
n'ait été visé par le Commissaire-priseur-vendeur, ou, en cas d'absence
ou de refus, par le syndic desdits
Commissaires. *Art. 4 de la même loi.*

C'est en leur qualité de dépositaires
que leur visa aux oppositions ou
saisies-arrêts est requis à peine de
nullité.

Cette disposition de la loi a été
reproduite dans *l'article 561 du Code
de procédure civile*, à l'égard des
receveurs, dépositaires ou administrateurs de caisses ou deniers publics,
dans les termes qui suivent :

« La saisie - arrêt ou opposition
formée entre les mains des receveurs,
dépositaires ou administrateurs de
caisses ou deniers publics, en cette
qualité, ne sera point valable, si

l'exploit n'est fait à la personne pré-posée pour le recevoir, et s'il n'est visé par elle sur l'original, ou, en cas de refus, par le procureur im-périal. »

13. Les Commissaires-priseurs ne peuvent faire les Exploits que font les Huissiers. — On avait depuis long-temps reconnu l'abus qui réunissait les deux fonctions d'*huissiers* et de *priseurs*. La loi les a séparées et les a déclarées incompatibles. *Exposé des Motifs de la loi du* 27 *ventôse an* 9.

14. Les commissaires-priseurs-vendeurs ont la police dans les ventes, et ils peuvent faire toute réquisition (de la force publique) pour y maintenir l'ordre. *Art.* 5 *de la loi du* 27 *ventôse an* 9.

Ils peuvent faire arrêter les délin-quans et les faire conduire à la préfec-ture de police; pour quoi ils peuvent, en cas de besoin, requérir l'assistance d'un commissaire de police. *Ordon-nance de police du* 29 *avril* 1806.

L'article 224 du Code pénal con-tient des peines contre ceux qui ou-trageroient les Commissaires-priseurs dans l'exercice de leurs fonctions. Il est ainsi conçu :

« L'outrage fait par paroles, gestes ou menaces à tout officier ministé-riel (1) (ou agent dépositaire de la force publique) dans l'exercice ou à l'occasion de l'exercice de ses fonc-tions, sera puni d'une amende de seize francs à deux cents francs. »

L'offenseur pourrait, outre l'a-mende, être condamné à faire répa-ration au Commissaire-priseur offen-sé, et s'il retardait ou s'y refusait,

____

(1) Les Commissaires-priseurs sont dans la cathégorie ou la classe des officiers mi-nistériels.

il y serait contraint par corps. *Art.* 227 *du même Code pénal* (1).

Les articles 230 et suivans prévoient les cas où des violences seraient dirigées contre les Commissaires-priseurs.

Ils disposent :

*Art.* 230. « Tout individu qui, même sans armes, et sans qu'il en soit résulté de blessures, aurait frappé un officier ministériel dans l'exercice de ses fonctions, ou à l'occasion de cet exercice, si ces violences ont eu lieu pendant qu'il exerçait son ministère, ou à cette occasion, sera

(1) L'article 555 du Code de procédure civile avait prononcé, relativement à l'exécution des jugemens : « L'officier insulté dans l'exercice de ses fonctions, dresse procès-verbal de rebellion, et il est procédé suivant les règles établies par le Code criminel. »

puni d'un emprisonnement d'un mois à six mois.

*Art.* 231. » Si les violences exercées contre l'officier ministériel ont été la cause d'effusion de sang, blessures ou maladie, la peine sera la réclusion ; si la mort s'en est suivie dans les quarante jours, le coupable sera puni de mort.

*Art.* 232. » Dans le cas même où ces violences n'auraient pas causé d'effusion de sang, blessures ou maladie, les coups seront punis de la réclusion s'ils ont été portés avec préméditation ou guet-à-pens.

*Art.* 233. » Si les blessures sont du nombre de celles qui portent le caractère de meurtre, le coupable sera puni de mort. »

# CHAPITRE V.

## *Des Émolumens attribués aux Com-missaires-priseurs.*

———

15. IL est alloué aux Commissaires-priseurs, pour frais de prisée, six francs par chaque vacation de trois heures. *Art. 6 de la loi du 27 ventôse an 9.*

Il leur est alloué, pour tous frais de vente, vacation à ladite vente, rédaction de minute et première expédition du procès-verbal, droits de clercs et tous autres droits, non compris (toute fois) les déboursés faits pour annoncer la vente et en acquitter les droits, savoir, huit francs pour cent francs, lorsque le produit de la vente s'élève jusqu'à mille francs ; sept pour cent, lorsque le produit s'élève jusqu'à quatre mille francs ; et cinq pour cent, lorsque le produit s'élève au - dessus de quatre mille francs. *Art. 7 de la même loi.*

A cet égard, les orateurs du Gouvernement ont dit, dans l'Exposé des Motifs de la loi :

« La grande multitude de droits accordés à des époques différentes aux priseurs, grevaient les administrés, et laissaient le Commissaire-priseur sans intérêt à ce que la vente fût plus ou moins productive. Un seul droit leur est attribué, gradué sur une échelle qui n'accorde au fonctionnaire qu'une honnête rétribution, et qui l'intéresse à ce que l'objet mis en vente atteigne tout son prix. »

Les déboursés faits pour annoncer la vente et en acquitter les droits,

devant être payés aux Commissaires-
priseurs, indépendamment des droits
qui leur sont attribués, voici le tarif
des droits qu'ils peuvent réclamer :

Déclaration à la chambre de disci-
pline (1) de la vente à faire. . . . 1 f. » c.
Compoistion de l'affiche an-
nonçant la vente. . . . . . . . 1       »
Vacation en référé. . . . . . 6       »
Visa de chaque opposition for-
mée à la vente. . . . . . . . . » 5o
Extrait des oppositions, pour
chacune. . . . . . . . . . , . . » 5o
Pour la seconde expédition
du procès-verbal de vente, par
chaque rôle. . . . . . . . . . . 1       »
Affiches. ( Leur coût. ). . . . » »
Annonces. (*Idem.*). . . . . . . » »
Papier. (Les déboursés.). . . » »
Hommes de peine. ( *Idem.* ). » »
Transport de meubles. (*Id.*). » »
Location de la salle pour la
vente. (*Idem.*). . . . . . . . . » »

(1) Voyez notre nombre 18.

Requête et ordonnance. . . . 5 f. 28 c.
Pour le Crieur, par vacation.. 2    »
Par vacation à la rédaction du
compte, non compris l'enregistrement.. . . . . . . . . . . . . 6    »

~~~~~~~~~~~~~~~~~~~~~~~~~~~~~~~~

# CHAPITRE VI.

## *Par qui est exercée la Surveillance sur les Commissaires-priseurs.*

———

16. Les Commissaires-priseurs sont sous la surveillance du procureur impérial près le tribunal de première instance. *Art.* 10 *de la loi du* 27 *ventôse an* 9.

Ils ont une Chambre de discipline, qui est organisée par un réglement d'administration publique. *Même art.* 10 *de la loi.*
~~~~~~~~~~~~~~~~~~~~~~~~~~~~~~~~

# CHAPITRE VII.

## *De la Chambre de discipline des Commissaires-priseurs.*

---

### SECTION Iʳᵉ.

#### *De l'Organisation de la Chambre.*

17. Les dispositions contenues au réglement du 18 frimaire an 9, relatif aux avoués, sont déclarées communes aux Commissaires-priseurs-vendeurs de meubles, créés par la loi du 27 ventôse an 9, (dont on a lu les diverses parties ci-dessus), sauf les modifications ci-après. *Art.* 1ᵉʳ *de l'Arrêté du Gouvernement du* 29 *germinal an* 9.

LaChambre desCommissaires-pri-seurs - vendeurs est composée d'un président, d'un syndic, d'un rappor-teur, d'un secrétaire, d'un trésorier et de dix autres membres. *Art. 2 du même Arrêté du Gouvernement.*

Les assemblées ordinaires de la chambre se tiennent tous les *diman-ches*, à dix heures du matin. *Art.* 3, *ibidem.*

Les membres de la chambre sont nommés par l'assemblée générale des Commissaires - priseurs - vendeurs, réunis à cet effet dans le local indiqué. *Art.* 4, *ibid.*

Les membres de la chambre sont renouvelés tous les ans par tiers. *Art.* 5 *ibid.*

Le renouvellement des membres de la chambre se fait chaque année. *Art.* 6 *ibid.*

## SECTION II.

*Des Déclarations que doivent faire les Commis-
saires-priseurs à la Chambre et ailleurs.*

18. Chaque Commissaire-priseur-
vendeur est tenu de faire, au secré-
tariat de la chambre et au bureau de
l'enregistrement, chez le receveur
de l'arrondissement, la déclaration
de toutes les ventes dont il est chargé,
vingt-quatre heures au moins avant
le commencement de la vente, et
d'indiquer les jour, lieu et heure où
elles se feront, ainsi que le nom des
requérans. *Art. 8 du même Arrêté
du Gouvernement.*

Ils doivent signer leur déclaration,
d'après l'arrêté de la chambre du 25
fructidor an 9, et ce, à peine de 5 fr.
pour chaque contravention payable
ès-mains du trésorier.

On sent que la disposition de l'arrêté du Gouvernement est faite dans l'interêt des parties, des Commissaires-priseurs en général, et du fisc.

Le Commissaire-priseur qui négligerait de faire cette déclaration, paierait (à la chambre) trois francs pour la première fois, dix francs pour la deuxième, et vingt-cinq francs pour la troisième. *Même art.* 8 *de l'Arrêté.*

Chaque défaut postérieur de déclaration serait sans doute payé la même somme de vingt-cinq francs. L'arrêté ne le dit pas, parce qu'on n'a pas dû présumer une pareille négligence; mais, par son silence même à cet égard, il le dit implicitement.

Ces déclarations sont reçues moyennant un franc, et sont portées, jour par jour, sur un registre tenu à cet effet, signé et paraphé par le président. *Même art.* 8.

Suivant un arrêté de la chambre,

de 19 novembre 1809, si les ventes déclarées n'ont point été effectuées, elles doivent être indiquées comme celles qui l'ont été, afin d'éviter la confusion des vérifications, et pour la régularité de la tenue des registres.

Indépendamment de ces déclarations à la chambre et au bureau d'enregistrement, si, dans les ventes, il se trouve de l'argenterie, des bijoux d'or ou d'argent, ou seulement montés en or ou en argent, fût-ce des diamans, les Commissaires-priseurs (et tous autres officiers vendeurs) doivent en faire déclaration aux hôtels des monnaies ; et ils ne doivent exposer les objets en vente qu'à la charge d'être recensés ou brisés en leur présence et celle des propriétaires, si les objets sont fabriqués d'une manière contraire à celle prescrite par la loi, en un mot, s'ils sont au-dessous du titre.

A Paris, cette déclaration se porte à la chambre des Commissaires-priseurs, où les préposés de la monnaie viennent en prendre connaissance.

Dans le procès-verbal de vente, il est toujours fait mention des noms des adjudicataires, de leurs professions et de leurs demeures; le Commissaire-priseur annonce que l'objet, s'il est livré à l'adjudicataire, a été brisé en sa présence, ou bien qu'il sera porté à la monnaie pour y être recensé, et pour que le droit y soit acquitté.

Il est prudent, avant d'exposer ces objets en vente, de s'assurer du titre et de l'annoncer à la vente, et même de briser à l'avance l'objet qui se trouve au-dessous du titre voulu par les lois et les réglemens, parce qu'il arrive souvent que tel objet présenté à la monnaie pour être recensé, y est brisé comme inférieur au titre exigé. Alors les adjudicataires sont fondés à le refuser, et il faut revendre l'objet; ce qui n'est pas bien facile si la vente est terminée; et cela arrive presque toujours, l'usage étant de garder les bijoux pour la fin de la vente.

Depuis quelque temps, en vertu de dispositions législatives, il a été établi un bureau de pesage et mesurage pour le département de la Seine; c'est par un des employés de ce bureau (appelé *le poids public*) que le pesage de l'argenterie, le mesurage des glaces, celui des liquides, enfin, de tous les objets susceptibles d'être pesés et mesurés, doivent être faits, lorsqu'il y a des mineurs. Néanmoins, comme on n'est pas obligé indispensablement de recourir au poids public, personne n'étant tenu de s'en servir qu'en cas de contestation (*Art. 1.<sup>er</sup> de la loi du 29 floréal an 10, qui a institué les Bureaux de pesage, mesurage et jaugeage*), ou bien par

suite de saisie-exécution, par suite de
décès ou inventaire, s'il y a des ab-
sens ou des mineurs, les parens et
amis des mineurs peuvent dispenser
les tuteurs de cette formalité, en les
autorisant, par la délibération qui les
nomme, à faire faire les pesage et
mesurage par telles personnes qu'il
leur plaira de choisir. — Ce droit des
parens est rappelé dans l'art. 16 du
décret impérial du 18 juin 1808, relatif à l'établissement du bureau cen-
tral de pesage et mesurage publics, no-
tifié à la chambre des Commissaires-
priseurs, par le procureur impérial,
le 21 novembre 1809.

## SECTION III.

*Du Droit des Membres de la Chambre de discipline, relativement aux Ventes.*

19. Les membres composant la
chambre de discipline ont le droit de

se transporter dans les ventes, d'ins-
pecter les procès-verbaux et de les
parapher, s'ils le jugent convenable.
*Art.* 9 *du même Arrêté du gouvernement.*

Cet examen ne manquerait pas d'a-
voir lieu, en cas de soupçon ou de
plainte de fraude contre le Commissaire-priseur chargé de la vente.

———

## SECTION IV.

*De la Bourse commune des Commissaires-
priseurs et de sa Répartition.*

20. Il y a une bourse commune, dans
laquelle entrent les deux cinquièmes
des droits alloués aux Commissaires,
et produits par chaque vente. *Art.* 10
*du même Arrêté.*

Les fonds de cette bourse commune
sont affectés, comme garantie spéciale, au paiement des deniers pro-

duits par les ventes, et sont saisissables. *Même art.* 10.

La répartition des émolumens de bourse commune est faite par portions égales entre les Commissaires, de deux mois en deux mois. *Art.* 12 *du même Arrêté.*

## SECTION V.

### *Des Commissaires-priseurs attachés au Mont-de-Piété.*

21. Les Commissaires-priseurs spécialement attachés à l'établissement du Mont-de-Piété, étant soumis personnellement à une *Garantie sur les prêts,* peuvent, par un traité particulier passé entre eux et les autres Commissaires, régler la somme que les premiers ( les Commissaires attachés au Mont-de-Piété ) verseront dans la bourse commune, par forme d'abonnement. *Art.* 11 *du même Arrêté.*

Ce traité est soumis à l'homologa-
tion du tribunal de première instance,
sur les conclusions du procureur impérial. *Même article* 11.

---

## SECTION VI.

*Du Costume des Commissaires-priseurs,*
*et de leur Réglement.*

22. Les Commissaires – priseurs-
vendeurs ont, dans l'exercice de leurs
fonctions, l'habit complet noir, cha-
peau à la française, et une ceinture
de soie noire. *Art.* 13 *du même Ar-*
*rêté.*

*Nota.* L'articte 14 chargeant le
grand-juge ministre de la justice de
l'exécution dudit arrêté, les Commissaires-priseurs sont dans l'attribution
du ministre de la justice. La nature
elle-même de leurs fonctions, qui sont
celles des officiers ministériels, les y
place.

Le tribunal civil du département de la Seine a , le 21 frimaire an 10, fait pour les Commissaires-priseurs-vendeurs un Réglement , traitant : titre 1.er, de l'*établissement d'une chambre* pour leur discipline intérieure ; titre 2, des *attributions de la chambre ;* titre 3, de l'*organisation de la chambre ;* tit. 4, des *pouvoirs de la chambre dans les moyens de discipline* , conséquemment des peines qu'elle peut prononcer; titre 5 , du *mode de procéder en la chambre;* titre 6, de la *nomination des Membres de la chambre, et de la durée de leurs fonctions ;* titre 7, de la *police de la chambre;* et titre 8, de la *bourse commune.* Chaque Commissaire-priseur a un exemplaire imprimé de ce réglement, et doit s'en pénétrer. Son insertion ici serait inutile.

# CHAPITRE VIII.

## *Des Prisées, des Ventes aux enchères, des Distributions de Prix, et des Comptes de Ventes.*

### SECTION Iʳᵉ.

*Des Prisées, de leurs différentes Sortes, et Comment elles doivent être faites.*

23. LES prisées, comme le mot l'exprime, sont les mises de prix à chacun des objets qui devront ou non être vendus ultérieurement.

Conséquemment les Commissaires-priseurs sont des officiers qui mettent le prix aux meubles qui doivent ou non être vendus à Paris.

Les prisées sont de trois Espèces :

celles volontaires, celles après décès, et celles qui se font en vertu de jugemens soit civils, soit criminels, ou en vertu d'ordonnance du juge.

Les prisées *volontaires* se font, soit par un acte sous seing-privé, soit par un acte devant notaires, par exemple, à la requête d'un majeur, qui désire connaître la valeur de son mobilier pour en faire la vente; ou pour le propriétaire d'une maison qui veut vendre tout le mobilier avec l'immeuble; ou pour des époux qui se marient sans communaute, afin que la femme puisse retirer la valeur de son mobilier lors de la dissolution du mariage; ou pour un négociant qui veut vendre son fonds de commerce; ou encore pour un fermier qui veut vendre tout l'attirail d'une exploitation.

Ces estimations ou prisées peuvent se faire aussi par un simple état, que l'on annexe à l'acte de vente; il n'a pas même besoin d'être signé, puisque les parties en approuvent le contenu par l'acte de vente.

Si l'on veut donner à cette opération une forme plus régulière et plus authentique, on fait faire l'estimation ou prisée contradictoirement par deux experts choisis par les parties qui ont des intérêts opposés, et on en dresse un procès-verbal (1).

Ce procès-verbal est soumis au droit simple d'enregistrement qui se prend par vacations.

24. Les *prisées* ou estimations *après décès*, même pour des majeurs, ne peuvent être constatées par des procès-verbaux ordinaires; il faut qu'elles le soient par des inventaires, qui sont du ressort des notaires.

Les Commissaires-priseurs et autres

_________

(1) Il est joint à l'ouvrage un modèle de ce procès-verbal.

officiers pouvant faire les prisées (les notaires, greffiers et huissiers) énoncent aux notaires qui font l'inventaire, les estimations à mesure que les meubles, effets, marchandises, etc. sont par eux inscrits en l'inventaire, et ils signent ensuite l'inventaire à chaque vacation avec les notaires.

Ce que les Commissaires-priseurs et autres officiers faisant les estimations doivent observer, c'est qu'ils ne peuvent faire de procès-verbaux de prisée pour tenir lieu d'inventaire. S'il en est qui se le permettent, ils ne le font que par usurpation de pouvoir.

Les Commissaires-priseurs, à Paris, sont les seuls experts nommés par la loi ; cependant, lorsqu'il s'agit de livres, de statues, de tableaux, de bijoux, de diamans, de tapisseries, de meubles même d'un prix assez considérables ou d'un fonds de commerce, ou d'une nature d'objets formant une grande partie de l'actif de la succession, tels que des instrumens de physique, des objets de curiosité ou d'histoire naturelle, on prend des experts dans chaque partie qui donnent leur avis sur la valeur des choses. On conçoit que, quelqu'habitude que puissent avoir ceux qui font leur état des prisées et des ventes, il ne peuvent jamais acquérir toutes les connaissances de ceux qui ne se livrent qu'à une seule partie. Les officiers procédant aux prisées dans les inventaires doivent eux-mêmes se rendre justice, et suppléer aux connaissances qui leur manquent, en appelant des experts.

25. Ces prisées, soit que les héritiers soient majeurs ou qu'ils soient encore mineurs, doivent être faites à juste valeur et sans crue, et eu égard au cours du temps.

L'article 825 du Code Napoléon dispose :

« L'estimation des meubles ( d'une succession ), s'il n'y a pas eu de prisée faite dans un inventaire régulier, doit être faite par gens à ce connaissant, à juste prix et sans crue. »

Avant le Code, on faisait les prisées à un prix inférieur, et avec la condition implicite qu'il y serait ajouté la *Crue.*

La crue était l'augmentation d'un quart du prix des meubles que devait donner le survivant, pour prendre ceux énoncés en l'inventaire, et en empêcher la vente. — Les tuteurs qui ne faisaient pas vendre les meubles appartenant à leurs pupiles , étaient obligés de leur faire raison de cette crue dans leur compte. — Les exécuteurs testamentaires, les séquestres , qui avaient conservé des meubles appartenant à des majeurs, étaient obligés pareillement de donner la crue en sus du prix porté en l'inventaire.

La crue étant un supplément à la prisée des meubles ; elle formait, avec le montant de celle-ci, un seul et même capital, dont les intérêts étaient dus dans tous les cas où ils avaient cours, et à compter de l'époque où ils devaient commencer.

La crue avait été introduite par la nécessité d'estimer à bas prix, un édit de Henri II, du mois de février 1556, ayant rendu les appréciateurs de meubles garans de leur estimation, et ayant défendu de vendre les meubles au-dessous de la prisée, sans une ordonnance de justice.

On a eu recours à la crue, lorsqu'il ne se faisait pas de vente pour payer les meubles à-peu-près à leur juste valeur.

« Le rapport du mobilier à une succession, ne se fait qu'en moins prenant. Il se fait sur le pied de la valeur du mobilier lors de la donation, d'après l'état estimatif annexé à l'acte; et à défaut de cet état, d'après une estimation par experts, à juste prix et sans crue. *Art.* 862 *du Code Napoléon.* »

*Nota.* L'article 486 du Code de commerce dispose :

« Aussitôt après leur nomination,
» les syndics provisoires requièrent
» la levée des scellés, et procèdent
» à l'inventaire des biens du failli. Ils
» sont libres de se faire aider, pour
» l'estimation, par qui ils jugent
» convenable... »

Communément les syndics des faillites, à Paris, appellent des Commissaires-priseurs pour leur donner l'évaluation des meubles, qui doit être énoncée aux inventaires. — Rien ne s'oppose à ce que ces syndics n'y déclarent par qui ils ont été aidés dans l'estimation.

26. Les prisées *qui se font en vertu de jugemens* ou de simple ordonnance du juge, ont lieu dans les cas suivans ; par exemple :

On a vendu une maison , et l'on a dit que l'acquéreur prendrait les meubles sur le pied de l'estimation qui en serait faite. Les parties ne se sont point accordées ; le juge alors commet un ou deux experts pour fixer la valeur de ce mobilier ; et ceux-ci procèdent à l'estimation , soit en vertu du jugement , soit en vertu de l'ordonnance qui les a commis.

Un tribunal de police correctionnelle , une cour d'assises ordonne que des effets déposés au greffe seront remis, d'après estimation qui en sera faite , aux parties lésées, pour les remplir d'autant , et sauf leur recours contre les condamnés. Dans ce cas , les experts opèrent en vertu de l'arrêt de la cour d'assises ou du jugement du tribunal de police correctionnelle, et dressent leurs procès-verbaux d'estimation.

Il peut se trouver encore d'autres cas où, soit les Commissaires-priseurs, soit les experts, procèdent en vertu de jugemens ou de simple ordonnance; mais ces cas rentrent, à peu de chose près, dans l'une ou l'autre des deux espèces que nous venons d'indiquer.

---

## SECTION II.

*Des Ventes aux enchères et de leurs différentes Sortes, et de l'Enchère.*

27. Aux termes de l'article 452 du Code Napoléon : « Dans le mois qui suit la clôture de l'inventaire, le tuteur fait vendre, en présence du subrogé tuteur, aux enchères reçues par un officier public; ( à Paris, par

un Commissaire-priseur, et, ailleurs, par un notaire, un greffier ou un huissier), et après des affiches ou publications dont le procès-verbal de vente fait mention, tous les meubles autres que ceux que le conseil de famille l'aurait autorisé à conserver en nature. »

Suivant l'article 8o5 du même Code, « l'héritier bénéficiaire ne peut vendre les meubles de la succession que par le ministère d'un officier public (d'un Commissaire - priseur à Paris, et, ailleurs, d'un notaire, d'un greffier ou d'un huissier ), aux enchères, et après les affiches et publications accoutumées. — S'il les représente en nature, il n'est tenu que de la dépréciation ou de la détérioration causée par sa négligence. »

Conformément à l'article 1686 du même Code, « si une chose commune à plusieurs ( soit immeuble , soit meuble, tels que des tableaux, des diamans, des tapisseries de grand prix, etc.) ne peut être partagée commodément et sans perte; — ou si, dans un partage fait de gré à gré de biens communs, il s'en trouve quelques-uns qu'aucun des copartageans ne puisse ou ne veuille prendre, — la vente s'en fait aux enchères, et le prix en est partagé entre les copropriétaires. »

« Chacun des copropriétaires, porte l'article 1687, est le maître de demander que les étrangers soient appelés à la licitation (1); ils y sont nécessairement appelés lorsque l'un des copropriétaires est mineur. »

(1) La Licitation est la vente faite aux enchères. *Licitatio* se traduit par le mot *Enchère*. Le surenchérissement par l'un ou par l'autre acquéreur, forme une sorte de débats qui ne se terminent que par l'adjudication à celui qui a donné le prix le plus haut.

28. L'*Enchère* est un acte par lequel une personne offre une certaine somme pour le prix de la chose exposée en vente, et s'engage à l'acheter pour ce prix, en cas que personne n'en offre davantage. — Dès l'instant qu'une personne a surenchéri, la condition sous laquelle la première avait contracté a cessé : le contrat est lié avec le nouvel enchérisseur, et le premier enchérisseur est dégagé.

« L'enchérisseur cesse d'être obli- » gé si son enchère est couverte par » une autre, lors même que cette » dernière serait déclarée nulle, » porte l'article 707 du Code de Procédure civile.

Quoique cette disposition soit placée au titre de la saisie-immobilière, le principe n'en est pas moins vrai pour l'enchère en matière de vente de meubles que pour l'enchère en matière de vente d'immeubles.

Pothier ( *Traité de la Procédure civile* , part. 4, chap. 2, sect. 5, art. 9, § 5 ) avait établi une distinction entre l'enchère mise par une personne insolvable, qu'il estimait être valable , d'après la loi 14, § 2, *ff. de in diem addictione* , et l'enchère mise par une personne incapable de contracter : par exemple, par un mineur, par un interdit, par une femme sans l'autorisation de son mari , qu'il regardait comme non-avenue ; une enchère nulle, disait-il, n'étant point une enchère. — C'est pour faire cesser toute incertitude à cet égard, que le Code a décidé que même l'enchère déclarée nulle dégageait le précédent enchérisseur.

Les Commissaires-priseurs distinguent plusieurs sortes de ventes: les ventes volontaires , les ventes après décès, les ventes forcées et les ventes en cas de séparation de biens ; mais elles peuvent toutes, suivant nous, être rangées en deux classes: les ventes à l'amiable ou volontaires, (les ventes après décès n'ayant et ne pouvant pas avoir un autre caractère), et les ventes forcées (les ventes en cas de séparation de biens ne pouvant avoir lieu qu'en vertu de jugemens, et rentrant conséquemment dans la classe des ventes forcées ).

## §. I<sup>er</sup>.

*Des Ventes volontaires; des Ventes de Fonds de Commerce et des Ventes après Décès.*

29. Les ventes volontaires sont celles d'effets que l'on vend comme étant inutiles, ou bien à cause de départ, de cessation de commerce, de changement de domicile, etc.

Elles se font ou dans l'habitation

du vendeur ou dans des salles destinées à cet usage.

Celles qui se font dans l'habitation
du vendeur, n'exigent d'autres formalités préalables que des annonces dans
les journaux, des affiches à différens
lieux, indiquant la nature des objets
à vendre, le lieu, le jour et l'heure,
enfin seulement ce qui peut tendre à
la publicité, selon le plus ou le moins
d'importance des choses à vendre.
Les moyens sont laissés à la prudence
et à l'intelligence des officiers vendeurs.

Dans les ventes de peu de valeur,
les Commissaires-priseurs, à Paris, se
contentent de bulletins à la main, qui
se mettent dans des tableaux placés
dans la cour de l'hôtel des Fermes et
dans les différens rendez-vous des
marchands connus pour fréquenter
les ventes. La classe en étant assez
nombreuse, ces annonces leur suf-

fisent, et le concours ne manque presque jamais.

Avant de commencer ces ventes, les Commissaires-priseurs dressent un état double des objets : l'un de ces états reste à la chambre de discipline des Commissaires-priseurs, et l'autre, visé par un des membres de cette chambre, est remis au vendeur, qui ne doit pas comprendre dans sa vente d'autres objets que ceux portés sur l'état visé (1). — Il en est de même pour les catalogues et notices de livres et objets à vendre comme inutiles, qui doivent être visés. Ces précautions sont actes de discipline du corps.

A l'égard des ventes qui se font dans les salles destinées aux ventes, attendu qu'elles se font ailleurs que dans l'habitation du vendeur, ou que dans les

(1) Divers arrêtés de la Chambre prescrivent cette mesure.

lieux indiqués par le Code de Procédure civile, l'usage, fondé sur un arrêté du tribunal civil, du 22 ventôse
an 12, est, à Paris, que l'on présente
requête au président du tribunal pour
obtenir l'autorisation à ce nécessaire.
Cette requête se met à la suite de l'é-
tat visé par la chambre de discipline,
et le président la répond de son ordonnance d'autorisation.

Les Commissaires-priseurs peuvent
procéder à ces ventes, soit après
procès-verbal de prisée, soit même
sans ce procès-verbal.

Un arrêté de la chambre, du jeudi
25 prairial an..., a rappelé aux Commissaires-priseurs que, conformément aux édits et ordonnances, aucun officier public ne doit procéder à
une opération de son ministère, à la
requête d'un de ses parens ou alliés
jusqu'au quatrième degré de parenté
inclusivement; qu'en conséquence,

ils ne peuvent faire de prisées et de ventes pour leurs parens jusqu'à ce degré inclusivement.

Un autre arrêté de la chambre, du 11 juillet 1811, communiquant aux Commissaires-priseurs une lettre du Préfet de police, du 2 du même mois, les invite, conformément à cette lettre, à donner au Préfet connaissance de ceux à qui ils auront adjugé des presses, moutons, laminoirs, balanciers et coupoirs, afin qu'il puisse prendre, vis-à-vis des acheteurs, les mesures exigées par les lettres patentes du 28 juillet 1785, l'arrêté du gouvernement du 5 germinal an 9, et l'ordonnance de police du 4 prairial suivant; et que ces acheteurs ne puissent faire usage de ces machines et instrumens sans en avoir obtenu la permission du Préfet de police.

Plaçons ici l'examen d'une Contestation perpétuelle existante entre les

Notaires de Paris et les Commissaires-priseurs, relativement aux ventes des fonds de commerce, qu'elles soient faites volontairement, qu'elles soient faites forcément.

Les Notaires prétendent que les Commissaires – priseurs n'ont à cet égard qu'un droit circonscrit, qui doit se borner à la vente du matériel du fonds de commerce, c'est-à-dire, des marchandises, des meubles, effets et ustensiles servant au commerce; mais que, quant à l'achalandage, c'est-à-dire, au moral du fonds de commerce, à ce qui se conçoit par l'esprit et ne peut se palper, c'est à eux à en faire la vente (1).

(1) Cette prétention de leur part n'existait pas sous la précédente législation. Les Huissiers – priseurs au Châtelet de Paris étaient seuls en possession de coopérer aux ventes de fonds de commerce qui se faisaient sur licitations dans les études des notaires.

. Telle est la conséquence de cette prétention, que les Commissaires-priseurs sont obligés de partager avec les notaires toutes les fois qu'il s'agit de ventes de fonds de commerce, de consentir qu'en effet ceux-ci vendent la pratique, l'achalandage, et de se borner, eux, à vendre les meubles, effets, ustensiles et marchandises du

C'étaient même eux qui recevaient les enchères, et prononçaient les adjudications. Ils percevaient sur le produit les droits de 3 ou 4 deniers pour livre et leurs vacations.

Depuis la suppression des Huissiers-priseurs, les Notaires de Paris ont eu le droit, avant l'établissement des Commissaires-priseurs, de faire des prisées et des ventes de meubles. Ils n'ont point usé de cette faculté pour la vente des meubles meublans, et même ils ont appelé aux ventes de fonds de commerce les anciens Huissiers-priseurs : de sorte que leur prétention est toute nouvelle.

commerce, et même de faire communément la vente de ce mobilier, dans l'étude du notaire, distinctement de l'achalandage, qui est vendu par le notaire. — Pour quoi il est toujours fait, après la vente, des protestations et réserves par les Commissaires-priseurs et des contre-protestations et reserves par les notaires, lesquelles sont consignées au procès-verbal.

De sorte qu'il faut que l'acquéreur fasse, dans son idée, dans son esprit, une ventilation pour le matériel, ou mobilier corporel, et une pour le moral ou l'achalandage, qu'il se rende adjudicataire de deux lots, au lieu de le devenir d'un seul;

De sorte qu'il faut qu'il y ait deux officiers publics, et conséquemment deux ventes, qui pourtant sont consignées aux mêmes procès-verbaux;

Que même, comme ce ne sont pas

les notaires qui font les estimations des achalandages , parce qu'ils ne peuvent pas en connaître la valeur, qui dépend tant de la situation ou emplacement du commerce, que des pratiques se fournissant chez le commerçant vendeur , il faut qu'il y ait des experts estimateurs (qui sont ordinairement gens du même état), ce qui augmente encore le nombre des opérans ;

Et de sorte qu'il faut qu'il y ait triplement de frais.

Or, l'intérêt de toutes les parties contractantes , des vendeurs et des acquéreurs, est blessé ; et cet objet n'est pas d'une faible considération.

Sous ce rapport, la question mérite d'être examinée.

Sous celui de l'intérêt des Commissaires-priseurs, elle ne le mérite pas moins.

Si ceux-ci ont seuls droit de faire

de pareilles ventes, pas de doute que les parties y gagneront, puisqu'elles n'auront qu'une sorte d'officiers et qu'une sorte de frais à payer.

Les Commissaires-priseurs ont-ils et doivent-ils avoir seuls le droit de faire les ventes de fonds de commerce, sans distinction du mobilier corporel d'avec l'achalandage ?

Exposons nos idées sur cette question, et nous concluerons ensuite.

De quoi se compose un fonds de commerce ? Il se compose de marchandises.

1.° Il faut, pour qu'il soit fonds de commerce de telle sorte, qu'il y ait des marchandises de telle sorte dont on puisse se rendre adjudicataire. Les meubles, effets et ustensiles ne sont que des moyens pour faire la vente des marchandises ; ils ne sont par conséquent que des accessoires, qui doivent suivre le sort des parties principales, des marchandises.

2.° Il faut qu'il soit placé dans telle rue ; cette rue est plus ou moins avantageuse pour la vente de ces marchandises, pour ce commerce.

3.° Il faut la qualité des marchandises à vendre. La réputation du commerçant s'établit par-là : s'il vend les meilleures et à meilleur marché, sa renommée s'étend facilement.

4.° Il faut l'esprit, l'intelligence du commerçant pour l'achat et le débit de ces marchandises, c'est-à-dire, pour l'achat des meilleures, et la vente au meilleur marché. On peut bien aussi regarder comme importantes, son affabilité, sa politesse, sa complaisance, ses prévenances pour les acheteurs ; mais ces qualités seraient moindres ou de très-faible considération, sans la bonne qualité de ses marchandises.

Que voit-on là ? toujours les marchandises. L'achalandage, à quoi tient-il ? aux marchandises.

Que le même marchand qui avait bonne renommée pour la bonne qualité de ses marchandises, vienne à n'en plus vendre que de médiocres, que de mauvaises, conservera-t-il sa réputation, son achalandage ? Non, certainement.

Or, l'achalandage n'est que l'accessoire des marchandises.

Et si, comme on dit en droit, l'accessoire suit le sort du principal, *accessorium sequitur sortem rei principalis*, il ne peut pas y avoir de doute que l'officier qui vend les marchandises, qui sont l'objet principal, doit vendre l'achalandage, qui n'est que l'accessoire.

A moins que les Notaires ne prétendent qu'ils ont le droit de vendre les marchandises, il faut qu'ils cèdent aux Commissaires-priseurs le droit de vendre l'achalandage.

Et, comme ils n'élèvent pas cette prétention, qu'ils reconnaissent impossible à soutenir, ils ne peuvent se refuser à l'obligation de céder ce droit.

Soutinssent-ils que le moral du fonds de commerce, que l'achalandage peut-être comparé à une action de commerce (et la comparaison serait prodigieusement forcée), ils ne pourraient s'empêcher de reconnaître qu'une pareille action serait un objet mobilier. La conséquence serait contre eux pour la vente, puisque les Commissaires-priseurs ont le droit exclusif de vendre le mobilier.

L'achalandage n'est pas comme un titre d'office, en vertu duquel l'officier peut exercer : un commerçant aurait beau se dire commerçant, sans marchandises, il n'exercerait pas.

Donc, l'achalandage n'est que l'accessoire, et les marchandises sont le principal.

Ils ne peuvent pas comparer l'achalandage à une rente, et dire que, comme les rentes sur particuliers se vendent dans les études de notaires, ils peuvent vendre l'achalandage du fonds de commerce. Une rente a une assiette fixe, particulière, absolue, et l'achalandage n'en a point d'autre que les marchandises, que l'acquéreur doit continuer de vendre aussi bonnes que le prédécesseur ; conséquemment, il n'a qu'une assiette relative, il n'est qu'accessoire, il doit céder au sort du principal, à celui des marchandises.

Voilà sincèrement ce que nous avons pensé sur cette question, très-importante à décider entre deux corps respectables, mais à chacun desquels il faut que justice soit rendue, *suum cuique tribuere*, et dont l'un ne doit point empiéter sur les droits, ne doit point usurper les droits de l'autre.

Nous avons dit, à notre nombre 24, que les Commissaires - priseurs n'avaient pas le droit de faire des procès-verbaux de prisées pour tenir lieu d'inventaires, et qu'il y avait usurpation de pouvoir dans ces actes. Nous disons ici que les notaires ne doivent pas prétendre à la vente de l'achalandage des fonds de commerce, que le droit de le vendre doit appartenir exclusivement aux Commissaires-priseurs, et que la prétention des Notaires est une usurpation de pouvoir.

Deux autres questions se présentent relativement aux *Objets mis en vente et qui ne sont point adjugés :*

1.º Dans le cas où le propriétaire a fait exposer en vente par un Commissaire-priseur *ou* autre officier vendeur, un objet dont on n'offre qu'un prix bien inférieur à sa valeur, que doit faire cet officier vendeur ?

La loi lui trace la conduite qu'il doit tenir, s'il y a des mineurs : il ne doit point adjuger au-dessous de sa véritable valeur, au moins de celle présumée, qui est le montant de la prisée; et, si l'objet n'atteint point cette estimation, il doit se retirer par-devers le juge pour se faire autoriser à vendre au-dessous.

Dans le cas d'une vente volontaire, si de même l'objet n'atteint point la prisée, il doit, pour agir prudemment, ou consulter le propriétaire, ou bien s'en rapporter à ses propres connaissances, et retirer l'objet plutôt que de l'adjuger à vil prix : il doit, en un mot, faire ce que ferait le proprié-taire dont les intérêts lui sont confiés.

2.º Le retirement de cet objet

sans adjudication, peut-il donner ouverture aux droits de vente ou d'enregistrement ?

Nous ne craignons pas de nous
prononcer pour la négative de cette
question.

Qu'est-ce que c'est que la mise en
vente ? C'est le simple étalage de
l'objet aux yeux du public ou des enchérisseurs. Le propriétaire n'est et
ne peut être dépossédé que par l'adjudication. Jusqu'à l'adjudication, il
n'y a point de mutation dans la propriété. N'y ayant point de mutation,
il n'est point dû ni droit d'enregistrement ni droit de vente.

Soutenir que le propriétaire se
rend adjudicataire de son propre
objet, lorsqu'il couvre l'enchère parce
que le prix proposé par les enchérisseurs est trop modique, ou bien que
l'officier qui, par la même raison,
couvre l'enchère pour lui ou en uos

nom, le rend adjudicataire, serait professer une hérésie. On ne peut pas devenir propriétaire de ce qu'on possède déjà en cette qualité ; on reste propriétaire.

Dira-t-on que l'officier qui expose un objet en vente, doit nécessairement en faire l'adjudication ? Mais, si c'est lui qui a couvert l'enchère, doit-il, peut-il se rendre adjudicataire ? Non, sans-doute, puisque la loi lui défend d'enchérir pour son compte. Il n'a fait alors que rendre nulle l'enchère qui avait été mise ; il a déchargé l'enchérisseur, et l'objet est resté au propriétaire, pour reparaître dans un temps plus opportun, soit dans la même vacation, soit un autre jour, soit même d'après de nouvelles annonces, si l'objet est assez important pour mériter que l'on en fasse.

Tant que l'officier qui fait la vente,

n'a pas prononcé le mot sacramentel *adjugé*, la vente n'est pas consommée; ce n'est qu'une tentative que l'on a faite, qui n'a rien produit pour ce moment; enfin, il n'y a pas eu de vente.

- Si, parce qu'un objet a été exposé en vente, qu'il y a même été mis quelques enchères, il fallait absolument l'adjuger à quelque prix que ce fût, ce ne pourrait donc être, dans le cas où l'officier vendeur aurait lui-même couvert l'enchère, qu'à un prête-nom qu'il aurait adjugé, si son enchère devenait une adjudication, puisqu'il ne doit et ne peut pas se rendre adjudicataire, et qu'il serait plus que ridicule d'en rendre acquéreur le propriétaire lui-même;

- Et cet objet se trouvant n'avoir été vendu que fictivement, il faudrait le remettre en vente une autre fois ( le propriétaire ayant voulu et voulant s'en défaire) et payer alors un double droit : cette idée répugne à la raison et à l'équité.

Voici un cas où le propriétaire pourrait être vraiment adjudicataire de son objet. Si cet objet, ayant été d'abord *adjugé*, était remis en vente par l'acquéreur qui s'en serait dégoûté, et qu'il fût acheté sur celui-ci par le propriétaire, par nouvelle adjudication, comme il y aurait eu mutation dans la propriété, le précédent propriétaire serait véritablement adjudicataire. Il y aurait deux ventes, et il serait dû double droit.

Hors ce cas particulier, nous n'en voyons pas où l'on pourrait donner au propriétaire cette qualité d'adjudicataire.

Nous croyons en avoir dit assez sur ces deux questions pour convaincre les plus incrédules.

Nous ne faisons pas aux Commissaires-priseurs l'injure de croire qu'ils aient jamais eu l'idée d'élever une prétention semblable à celle que nous venons de combattre ; du moins pouvons-nous assurer que les anciens huissiers-priseurs ne percevaient de droits que sur les objets réellement vendus, et lorsqu'ils 'en avaient prononcé l'*adjudication :* autrement, ils tiraient cet objet pour *mémoire.*

3o. Les ventes *après décès,* que nous rangeons dans la classe des ventes volontaires, se font sur la réquisition du conjoint commun en biens, ou des héritiers, ou de l'exécuteur testamentaire, ou des légataires universels ou à titre universel.

Elles se font entre majeurs ou avec des mineurs.

Les héritiers prennent tout de suite qualité, ou bien ils désirent se réserver le droit de renoncer à la suc-

cession, ou bien encore ils ne l'accep-
tent que sous bénéfice d'inventaire.

Si les héritiers majeurs ont accepté
purement et simplement, la vente
n'exige pas plus de formalités que
celle des effets inutiles, dont nous
nous sommes occupés à notre nombre 29.

S'ils se sont fait autoriser sur requête, ou par une ordonnance de
référé, à procéder sans attribution
de qualité, ou s'ils ont pris celle d'héritiers bénéficiaires, alors la vente
ne peut se faire sans qu'au préalable
elle ait été annoncée dans le Journal
judiciaire, au moins trois jours francs
à l'avance; que des affiches imprimées
et timbrées aient été apposées dans
les lieux ordinaires, et leur nombre et
placardage constatés par un procès-
verbal d'affiche, que l'huissier, chargé
de l'apposition, ait rédigé, assisté de
l'afficheur.

Un certificat de l'annonce au Journal, délivré par le directeur du Journal, doit être annexé au procès-verbal, ainsi qu'un exemplaire de l'affiche, le procès-verbal et l'ordonnance du président qui a autorisé la vente.

Si la vente comprend des livres ou des bijoux de valeur excédant 3oo fr., l'annonce au Journal doit être répétée jusqu'à trois fois, et de manière que la dernière annonce précède toujours la vente de trois jours.

Indépendamment de l'annonce de la vente dans le Journal judiciaire; indépendamment des affiches placardées dans Paris, et de celles que l'on fait placarder à la porte de la maison où se fait la vente, l'usage veut que, pour mieux l'indiquer à ceux qui ont intention de s'y rendre, on mette un des exemplaires de l'affiche sur un tapis, et que ces tapis et

affiche soient exposés à la porte de
l'entrée principale de la maison où
se fait la vente, et dans le lieu le
plus apparent.

Un Commissaire-priseur qui fait une
vente après décès, doit, lorsqu'il a été
apposé des scellés, s'assurer d'abord
s'il y a eu des oppositions à ces scellés,
s'en faire délivrer un extrait par le
greffier de la justice de paix, ou en
prendre un certificat attestant qu'il
n'y a pas eu d'opposition, et annexer
soit l'extrait, soit le certificat au
procès-verbal, à la suite duquel le
Commissaire-priseur transcrit sommairement, ou plutôt énonce les
oppositions subsistantes aux scellés,
et enregistre de même, à la suite,
toutes celles qui surviennent en ses
mains.

Les oppositions peuvent être reçues par les Commissaires-priseurs
sur leurs procès-verbaux, tant qu'ils

sont ouverts; lorsqu'ils sont clos, elles doivent être formées par exploits d'huissiers.

Les Commissaires-priseurs peuvent bien aussi, sur leurs procès-verbaux, tant qu'ils sont ouverts, recevoir les dires et réquisitions des parties, les renvoyer en état de référé, indiquer même, et de leur consentement, lorsqu'elles sont toutes présentes, le jour pour le référé demandé; mais, dans tous les cas, ils ne peuvent citer personne, et le ministère des Huissiers devient alors indispensable. — Voyez ci-dessus notre nombre 11.

Si le référé a été consenti et indiqué par le procès-verbal du Commissaire-priseur, celui-ci se transporte en l'hôtel du Juge, et reçoit son ordonnance, qu'il insère au procès-verbal, comme font les Juges de paix et les Notaires; mais, s'il y a lieu ensuite à signifier ce référé, c'est à un Huissier à faire cette signification, et, à cette fin, le Commissaire-priseur lui délivre un extrait de son procès-verbal. Voyez ci-dessus notre nombre 13.

De ce qui vient d'être dit relativement aux oppositions, il suit que le Commissaire-priseur ne doit pas vider ses mains tant qu'il a des oppositions, et qu'il ne peut payer que les créances privilégiées, telles qu'elles sont énoncées aux articles 2101 et 2102 du Code Napoléon.

Lorsque les effets d'une succession, recueillie par des héritiers du nombre desquels se trouvent des mineurs ou des héritiers bénéficiaires, ne peuvent être vendus dans la maison mortuaire, ou lorsqu'on croit pouvoir les vendre plus avantageusement dans une des salles destinées aux ventes, il faut s'y faire autoriser par un jugement, qui s'obtient sur requête : une simple ordonnance du président du tribunal ne suffirait pas.

Après avoir rapporté la pratique ou l'usage, rapportons les dispositions législatives sur lesquelles il se fonde.

31. L'article 935 du Code de Procédure civile dispose :

« Le conjoint commun en biens, les héritiers, l'exécuteur testamentaire, et les légataires universels ou à titre universel, peuvent (pour la confection de l'inventaire, conséquemment pour la prisée du mobilier et la vente ultérieure) convenir du choix d'un ou deux Notaires, et d'un ou deux Commissaires-priseurs ou Experts. — S'ils n'en conviennent pas, il est procédé, suivant la nature des objets, par un ou deux Notaires, Commissaires-priseurs ou Experts, nommés d'office par le Président du tribunal de première instance. Les

Experts prêtent serment devant le Juge de paix. »

La raison pour laquelle les Notaires et Commissaires-priseurs ne prêtent point serment comme les Experts avant d'opérer, est, qu'en entrant en fonctions comme Officiers publics, ils prêtent le serment de bien et fidèlement remplir les fonctions qui leur sont attribuées. — Voyez ci-dessus notre nombre 8.

Lorsque les parties ne conviennent pas des Notaires et Commissaires-priseurs, et que le Président du tribunal est obligé de les nommer d'office, cette nomination ayant lieu sur le référé du Juge de paix qui avait apposé et qui lève les scellés, le Président signe sur le procès-verbal du Juge de paix, son ordonnance de nomination, qui est portée sur ce procès-verbal. *Art.* 922 *du Code de Procédure civile.*

Si cette nomination n'a pas lieu sur le référé, l'ordonnance en est portée sur la requête qui est présentée par un avoué pour les parties.

Le procès-verbal de levée de scellés doit contenir, 1°... 2°... 6°... la nomination des Notaires, Commissaires-priseurs et Experts qui doivent opérer. 7°... *Art.* 936 *du Code de Procédure.*

Relativement à l'apposition des scellés après décès, aux oppositions qui peuvent être formées aux scellés, et à la levée des scellés, voyez les titres 1, 2 et 3 du livre 2 de la seconde partie du même Code.

L'inventaire doit contenir, outre les formalités communes à tous les actes devant Notaires, 1°... 2°... 3°. la description et estimation des effets. ( par les Commissaires - priseurs à Paris, et par les Experts ailleurs ), laquelle est faite *à juste valeur et sans crue ;* 4°. la désignation des qualité, poids et titre de l'argenterie... *Art.* 943 *du même Code de Procédure civile.*

32. Chacun des cohéritiers peut demander sa part en nature des meubles et immeubles de la succession; néanmoins, s'il y a des créanciers saisissans ou opposans, ou si la majorité des cohéritiers juge la vente nécessaire pour l'acquit des dettes et charges de la succession, les meubles sont vendus publiquement, en la forme ordinaire ( par les Commissaires-priseurs, à Paris, par les Notaires, Greffiers et Huissiers, ailleurs, aux lieu, jour et heure indiqués, aux enchères, et après apposition d'affiches annonçant la vente. ) *Art.* 826 *expliqué du Code Napoléon.*

Lorsque la vente des meubles dépendans d'une succession a lieu en exécution de cet article 826 du Code

Napoléon, cette vente est faite dans
les formes prescrites au titre *des
Saisies-Exécutions. Art.* 955 *du
Code de Procédure civile.*

Les articles 617 à 625 du même
Code, au titre *des Saisies-Exécutions,*
sont les régulateurs pour cette vente.
Ils disposent ainsi qu'il suit :

*Art.* 617. La vente est faite au plus
prochain marché public (au lieu où
les meubles de la succession sont
placés), aux jour et heure ordinaires
des marchés, ou un jour de dimanche : peut, néanmoins, le tribunal permettre de vendre les effets
en un autre lieu plus avantageux.
Dans tous les cas, la vente est annoncée, un jour auparavant, par quatre
placards au moins, affichés, l'un au
lieu où sont les effets, l'autre à la
porte de la maison commune, le troisième au marché du lieu, et s'il n'y
en a pas, au marché voisin, le qua-

trième à la porte de l'auditoire de la
justice de paix ; et, si la vente se fait
dans un lieu autre que le marché ou
le lieu où sont les effets, un cinquième
placard est apposé au lieu où se fait
la vente. La vente est, en outre,
annoncée par la voie des journaux,
dans les villes où il y en a.

*Art.* 618. Les placards indiquent
les lieu, jour et heure de la vente, et
la nature des objets sans détail particulier.

*Art.* 619. L'apposition est constatée par exploit, auquel est annexé
un exemplaire du placard.

*Art.* 620. S'il s'agit de barques,
chaloupes et autres bâtimens de mer
du port de dix tonneaux (1) et au-
dessous, bacs, galiotes, bateaux et
autres bâtimens de rivières, moulins

(1) C'est-à-dire, de 20,000 pesant, le
tonneau, en terme de marine, signifiant
2000 pesant ou vingt quintaux.

et autres édifices mobiles, assis sur
bateaux ou autrement, il est procédé
à leur adjudication sur les ports, gares
ou quais où ils se trouvent : il est affiché quatre placards au moins, conformément à l'article précédent ; et il
est fait, à trois divers jours consécutifs, trois publications au lieu où sont
lesdits objets : la première publication n'est faite que huit jours au moins
après la signification de la saisie (que
huit jours après l'ouverture de la succession). Dans les villes où il s'imprime des journaux, il est suppléé à
ces trois publications par l'insertion (2) qui est faite au journal, de
l'annonce de ladite vente, laquelle
annonce est répétée trois fois dans le
cours du mois précédant la vente (2).

(1) Constatée de la manière indiquée par
l'article 683 du Code.

(2) La saisie devant, aux termes de cet
article 620, être signifiée, l'adjudication

*Art.* 621. La vaisselle d'argent, les bagues et joyaux de la valeur de trois

devant être annoncée par affiches publiées ou insérées dans les journaux, et ces publications et annonces devant être répétées trois fois dans le cours du mois qui doit précéder la vente, il en résulte qu'il doit nécessairement exister un mois d'intervalle entre la saisie et la vente, et que ce délai court, non du jour de la dernière publication, mais bien du jour de la signification de la saisie. (Argument tiré de l'article 613).

Cet article 620 n'exigeant pas qu'après l'expiration de ce délai, les publications soient recommencées, cette formalité n'est pas nécessaire ; cependant, comme il est indispensable que le jour de l'adjudication soit connu, il faut au moins, quand elle n'a pas été faite au jour indiqué, annoncer par de nouveaux placards le jour où elle pourra avoir lieu. *Réponse de son Excellence le Grand-Juge Ministre de la justice, communiquée à la chambre des Commissaires-priseurs par le Procureur impérial, le 9 novembre 1811.*

cents francs au moins, ne peuvent être
vendus qu'après placards apposés en
la forme ci-dessus, et trois expositions, soit au marché, soit dans l'endroit où sont lesdits effets; sans que,
néanmoins, dans aucun cas, lesdits
objets puissent être vendus au-dessous
de leur valeur réelle, s'il s'agit de
vaisselle d'argent, ni au-dessous de
l'estimation qui en aura été faite par
des gens de l'art (1), s'il s'agit de
bagues et de joyaux.

Dans les villes où il s'imprime des
journaux, les trois publications sont
suppléées comme il est dit en l'article
précédent.

*Art.* 622. ( Il n'est point applicable
aux ventes des meubles de succes-

______

(1) Si on n'en trouvait pas le prix de
l'estimation, il faudrait, comme sous l'ancienne législation, se pourvoir par-devant
le Président du tribunal pour obtenir l'autorisation de vendre à un prix inférieur.

sions, étant ainsi conçu : « Lorsque
» la valeur des effets saisis excède
» le montant des causes de la saisie
» et des oppositions, il n'est procédé
» qu'à la vente des objets suffisant à
» fournir la somme nécessaire pour
» le paiement des créances et frais ».)

*Art.* 623. Le procès-verbal de vente constate (1) la présence ou le défaut de comparution de la partie saisie ( des parties intéressées, telles que les héritiers, le conjoint commun en biens, l'exécuteur testamentaire, les légataires universels ou à titre universel ). — Voyez au nombre suivant l'article 951 du Code.

*Art.* 624. L'adjudication est faite au plus offrant, en payant comptant ; faute de paiement, l'effet est revendu sur-le-champ à la folle enchère de l'adjudicataire.

(1) A chaque vacation, si la vente en emploie plusieurs.

*Art.* 625. Les Commisseurs-priseurs et les Huissiers sont personnellement responsables du prix des adjudications, et font mention, dans leurs procès-verbaux, des noms et domiciles des adjudicataires. Ils ne peuvent recevoir d'eux aucune somme au-dessus de l'enchère, à peine de concussion.

Voyez à l'article 174 du code pénal, les peines portées contre les concussions commises par les fonctionnaires publics.

— 33. Il est procédé à la vente des meubles dépendans d'une succession, sur la réquisition de l'une des parties intéressées, en vertu de l'ordonnance du président du tribunal de première instance (1), et par un officier public, (par un commissaire-priseur à Paris, et par un notaire, greffier ou huissier,

(1) Mise au bas de la requête présentée à cet effet par le poursuivant.

ailleurs ). *Art.* 946 *du Code de pro-cédure civile.*

On appelle les parties ayant droit d'assister à l'inventaire (1) , et qui demeurent ou ont élu domicile dans la distance de cinq myriamètres ( de dix lieues communes ) : l'acte est si-gnifié au domicile élu. *Art.* 947 *du même Code.*

S'il s'élève des difficultés, il peut être statué provisoirement en référé par le président du tribunal de pre-mière instance. *Art.* 948, *ibidem.*

La vente est faite dans le lieu où sont les effets, s'il n'en est autrement ordonné. *Art.* 949, *ibidem.*

La vente est faite tant en absence que présence, sans appeler personne

(1) Tous ceux que nous avons énoncés ci-dessus en parenthèse à l'article 623 du Code. Voyez l'article 642 du Code.

106 *Prisées, Ventes aux enchères,*
pour les non-comparans. *Art.* 950,
*ibidem.*

Le procès-verbal fait mention de
la présence ou de l'absence du requérant. *Art.* 951, *ibidem.*

Si toutes les parties sont majeures,
présentes et d'accord, et qu'il n'y ait
aucun tiers intéressé, elles ne sont
obligées à aucune des formalités ci-
dessus. *Art.* 952 *ibidem.*

—

## §. II.

*Des Ventes forcées; où elles se font; des Frais
privilégiés à payer après la Vente, et des
Ventes en cas de Séparation de biens.*

34. Les ventes forcées, sont celles
qui se font par autorité de justice,
c'est-à-dire, en vertu de jugemens
des tribunaux et d'arrêts des Cours.

Il faut que les jugemens et arrêts
soient définitifs et irrévocables de

leur nature, ou devenus définitifs et irrévocables par le temps, pour qu'ils puissent être mis à exécution, et que les ventes aient lieu en conséquence.

Lorsque l'exécution provisoire d'un jugement ou d'un arrêt est ordonnée, le jugement ou l'arrêt est définitif à cet égard.

L'article 135 du Code de procédure dispose :

« L'exécution provisoire sans caution est ordonnée s'il y a titre authentique, promesse reconnue ou condamnation précédente par jugement dont il n'y ait point d'appel.

L'exécution provisoire peut être ordonnée avec ou sans caution, lorsqu'il s'agit, 1.°....; 2.°....; 3.°.... ».

Et les articles 136 et 137 portent :

« Si les juges ont omis de prononcer l'exécution provisoire, ils ne peuvent l'ordonner par un second

108 *Prisées, Ventes aux enchères,* jugement, sauf aux parties à la demander sur l'appel.

« L'exécution provisoire ne peut être ordonnée pour les dépens, quand même ils seraient adjugés pour tenir lieu de dommages et intérêts ».

35. *Règles générales.* Nul jugement ni acte ne peuvent être mis à exécution, s'ils ne portent le même intitulé que les lois, et ne sont terminés par un mandement aux officiers de justice, ainsi qu'il est dit article 146. *Art. 345 du Code de procédure.*

L'article 146 prononce :

« Les expéditions des jugemens seront intitulées et terminées ainsi qu'il est prescrit par l'acte des constitutions de l'Empire du 28 floréal an 12 ».

Et l'article 141 de cet acte des constitutions est ainsi conçu :

« Les expéditions exécutoires des

jugemens sont rédigées ainsi qu'il suit : N. (*le prénom de l'Empereur*), par la grace de Dieu et les constitutions de la République (de l'Empire), Empereur des Français, à tous présens et à venir, Salut.

« La Cour de..... ou le tribunal de (*si c'est un tribunal de première instance*) a rendu le jugement suivant : (*Ici copier l'arrêt ou le jugement*).

» Mandons et ordonnons à tous huissiers sur ce requis de mettre ledit jugement à exécution, à nos procureurs généraux, à nos procureurs près les tribunaux de première instance, d'y tenir la main ; à tous commandans et officiers de la force publique, de prêter main-forte lorsqu'ils en seront légalement requis.

» En foi de quoi, le présent jugement a été signé par le président de la Cour ou du tribunal, et par le greffier. »

56. Les jugemens rendus par les tribunaux étrangers, et les actes reçus par les officiers étrangers, ne sont susceptibles d'exécution en France, que de la manière et dans les cas prévus par les articles 2123 et 2128 du Code civil (Napoléon). *Art. 546 du Code de procédure civile.*

« L'hypothèque ne peut résulter des jugemens rendus en pays étranger, qu'autant qu'ils ont été déclarés exécutoires par un tribunal français ; sans préjudice des dispositions contraires qui peuvent être dans les lois politiques ou dans les traités. » *Dernier alinéa de l'art. 2128 du Code Napoléon.*

« Les contrats passés en pays étranger ne peuvent donner d'hypothèque sur les biens de France, s'il n'y a des dispositions contraires à ce principe dans les lois politiques ou dans les traités. » *Art.* 2128 *du même Code.*

57. Les jugemens rendus et les actes passés en France sont exécutoires dans tout l'Empire, sans *visa* ni *pareatis*, encore que l'exécution ait lieu hors du ressort du tribunal par lequel les jugemens ont été rendus, ou dans le territoire duquel les actes ont été passés. *Art.* 547 *du Code de procédure civile.*

(Ce qui est dit des *jugemens des tribunaux* s'applique aux *arrêts des Cours*, les dénominations actuelles n'existant point à l'époque où a été fait le Code de procédure), et, d'ailleurs, les règles établies pour les tribunaux inférieurs étant observées dans les tribunaux d'appel (dans les Cours impériales, suivant l'art. 470 du Code de procédure).

Les jugemens qui prononcent une main-levée, une radiation d'inscription hypothécaire, un paiement, ou quelque autre chose à faire par un tiers ou à sa charge, ne sont exécutoires par les tiers ou contre eux, même après les délais de l'opposition ou de l'appel, que sur le certificat de l'avoué de la partie poursuivante, contenant la date de la signification du jugement faite au domicile de la partie condamnée, et sur l'attestation du greffier constatant qu'il n'existe contre le jugement ni opposition ni appel.

A cet effet, l'avoué de l'appelant fait mention de l'appel, dans la forme et sur le registre prescrits par l'article 163 (qui veut qu'il soit tenu au greffe un registre sur lequel l'avoué de l'opposant fasse mention sommaire de l'opposition, etc.) *Art.* 548 *et* 549 *du Code de procédure.*

Sur le certificat qu'il n'existe aucune opposition ni appel sur ce registre, les séquestres, conservateurs, et tous autres, sont tenus de satisfaire au jugement. *Art.* 550 *ibidem.*

38. Il importe aux Commissaires-priseurs de savoir si un jugement ou arrêt est définitif, et si la vente peut être faite en conséquence, ou s'il ne l'est point encore, par exemple, si, étant par défaut, l'opposition est encore recevable, si, étant de première instance, l'appel est encore recevable.

Quant au pourvoi en cassation, on sait qu'il n'arrête pas l'exécution en matière civile; mais il la suspend en matière criminelle, de police correctionnelle et de simple police. S'il s'agit de vendre en vertu d'un jugement ou d'un arrêt rendu en ces matières, le Commissaire-priseur doit voir si les trois jours à partir de la date du jugement en dernier ressort ou de l'arrêt définitif (1) sont expirés.

Le Commissaire-priseur a besoin de connaître notamment les articles qui suivent du Code de procédure civile :

*Art.* 16. L'appel des jugemens de la justice de paix n'est pas recevable après les trois mois, à dater du jour de la signification faite par l'huissier de la justice de paix, ou tel autre, commis par le juge.

*Art.* 17. Les jugemens des justices de paix, jusqu'à concurrence de trois cents francs, sont exécutoires par provision, nonobstant l'appel, et sans qu'il soit besoin de fournir caution : les juges de paix peuvent, dans les autres cas, ordonner l'exécution provisoire de leurs jugemens, mais à la charge de donner caution.

*Art.* 122. Dans le cas où les tribu-

(1) Voyez l'article 373 du Code d'Instruction criminelle.

naux peuvent accorder des délais
pour l'exécution de leurs jugemens,
ils le font par le jugement même qui
statue sur la contestation , et qui
énonce les motifs du délai.

*Art.* 123. Le délai court du jour
du jugement, s'il est contradictoire;
et de celui de la signification, s'il est
par défaut.

*Art.* 155. Les jugemens par défaut
ne sont pas exécutés avant l'échéance
de la huitaine de la signification à
avoué, s'il y a eu constitution d'avoué,
et de la signification à personne ou
domicile, s'il n'y a pas eu constitution
d'avoué ; à moins, qu'en cas d'ur-
gence , l'exécution n'en ait été ordonnée avant l'expiration de ce délai , dans les cas prévus par l'article
135 (1).

(1) Il détermine les cas où l'on peut ordonner l'exécution provisoire avec ou sans
caution. Voyez cet article.

*Art.* 158. Si le jugement est rendu contre une partie qui n'a pas d'avoué, l'opposition est recevable jusqu'à l'exécution du jugement.

L'article 159 fait connaître quand un jugement ou un arrêt par défaut est réputé exécuté :

« Le jugement est réputé exécuté, lorsque les meubles saisis ont été vendus (par un officier public), ou que le condamné a été emprisonné ou recommandé, ou que la saisie d'un ou de plusieurs de ses immeubles lui a été notifiée, ou que les frais ont été payés, ou enfin lorsqu'il y a quelque acte duquel il résulte nécessairement que l'exécution du jugement a été connue de la partie défaillante : l'opposition formée dans les délais ci-dessus et dans les formes ci-après prescrites, suspend l'exécution, si elle n'a pas été ordonnée nonobstant l'opposition. »

*Art.* 435. Aucun jugement par défaut ( des tribunaux de commerce) ne pourra être signifié que par un huissier commis à cet effet par le tribunal ; la signification contiendra, à peine de nullité, élection de domicile dans la commune où elle se fait, si le demandeur y est domicilié.

Le jugement sera exécutoire un jour après la signification, et jusqu'à l'opposition.

*Art.* 436. L'opposition n'est plus recevable après la huitaine du jour de la signification.

*Art.* 438. L'opposition faite à l'instant de l'exécution, par déclaration sur le procès-verbal de l'huissier, arrête l'exécution ; à la charge, par l'opposant, de la réitérer dans les trois jours, par exploit contenant assignation ; passé lequel délai, elle est censée non avenue.

*Art.* 439. Les tribunaux de commerce peuvent ordonner l'exécution provisoire de leurs jugemens, nonobstant l'appel et sans caution, lorsqu'il y a titre non attaqué, ou condamnation précédente dont il n'y a pas d'appel : dans les autres cas, l'exécution provisoire n'a lieu qu'à la charge de donner caution, ou de justifier de solvabilité suffisante (1).

*Art.* 443. Le délai pour interjeter appel est de trois mois : il court, pour les jugemens contradictoires, du jour de la signification à personne ou domicile; — pour les jugemens par défaut, du jour où l'opposition n'est plus recevable.

(Voyez les articles 444 à 460 du Code.)

(1) Les contestations élevées sur l'exécution des jugemens des tribunaux de Commerce, sont portées au tribunal de première instance du lieu où l'exécution se poursuit. *Art.* 553 *du Code.*

*Art.* 469. La péremption en cause d'appel a l'effet de donner au jugement dont est appel la force de chose jugée.

39. *Art.* 581. Sont insaisissables (et par conséquent ne peuvent être vendues par autorité de justice) 1° les choses déclarées insaisissables par la loi; 2° les provisions alimentaires adjugées par justice; 3° les sommes et objets disponibles déclarés insaisissables par le testateur ou donateur; 4° les sommes et pensions pour alimens, encore que le testateur ou l'acte de donation ne les déclare pas insaisissables.

(Voyez les articles 588, 589 et 590, relatifs aux pesage, mesurage ou jaugeage des marchandises saisies, à la spécification et au pesage de l'argenterie, et au dépôt des deniers comptans.)

*Art.* 592. Ne peuvent être saisis

(et par conséquent ne peuvent être vendus), 1° les objets que la loi déclare immeubles par destination (1); — 2° Le coucher nécessaire des saisis, ceux de leurs enfans vivant avec eux, les habits dont les saisis sont vêtus et couverts; — 3°. les livres relatifs à la profession du saisi, jusqu'à la somme de trois cents francs, à son choix; — 4° les machines et instrumens servant à l'enseignement, pratique ou exercice des sciences et arts, jusqu'à concurrence de la même somme, et au choix du saisi; — 5° les équipemens des militaires, suivant l'ordonnance et le grade; — 6° les outils des artisans, nécessaires à leurs occupations personnelles; — 7° les farines et menues denrées nécessaires à la consommation du saisi et de la famille

(1) Ils appartiennent à l'immeuble, et ne pourraient être saisis et vendus qu'avec lui.

pendant un mois; 8° enfin, une vache, ou trois brebis, ou deux chèvres, au choix du saisi, avec les pailles, fourrages et grains nécessaires pour la litière et la nourriture desdits animaux pendant un mois.

*Art.* 593. Lesdits objets ne peuvent être saisis pour aucune créance, même celle de l'Etat, si ce n'est pour alimens fournis à la partie saisie, ou sommes dues aux fabricans ou vendeurs desdits objets, ou à celui qui a prêté pour les acheter, fabriquer ou réparer; pour fermages et moissons des terres à la culture desquelles ils sont employés; loyers des manufactures, moulins, pressoirs, usines dont ils dépendent, et loyers des lieux servant à l'habitation personnelle du débiteur.

Les objets spécifiés sous le n° 2 du précédent article ne peuvent être saisis pour aucune créance.

*Art.* 595. Le procès-verbal de saisie contient indication du jour de la vente.

(Voyez les art. 596 à 606, concernant le gardien préposé à la saisie.)

40. *Art.* 608. Celui qui se prétend propriétaire des objets saisis, ou de partie d'iceux, peut s'opposer à la vente par exploit signifié au gardien, et dénoncé au saisissant et au saisi, contenant assignation libellée et l'énonciation des preuves de propriété, à peine de nullité : il y est statué par le tribunal du lieu de la saisie, comme en matière sommaire. — Le réclamant qui succombe est condamné, s'il y échet, aux dommages et intérêts du saisissant.

*Art.* 609. Les créanciers du saisi, pour quelque cause que ce soit, même pour loyers, ne peuvent former opposition que sur le prix de la vente : leurs oppositions en contiennent les causes ; elles sont signifiées au saisissant et à l'Huissier, ou autre officier (ou au Commissaire-priseur) chargé de la vente, avec élection de domicile dans le lieu où la saisie est faite, si l'opposant n'y est pas domicilié; le tout à peine de nullité des oppositions et des dommages-intérêts contre l'Huissier, s'il y a lieu.

(Voyez les deux art. 610 et 611.)

*Art.* 612. Faute par le saisissant de faire vendre dans le délai ci-après fixé, tout opposant ayant titre exécutoire peut, sommation préalablement faite au saisissant, et sans former aucune demande en subrogation, faire procéder au récolement des effets saisis, sur la copie du procès-verbal de saisie, que le gardien est tenu de représenter, et de suite à la vente.

41· *Art.* 613. Il y a au moins hu t jours entre la signification de la saisie au débiteur et la vente.

*Art.* 614. Si la vente se fait à un jour autre que celui indiqué par la signification, la partie saisie est appelée, avec un jour d'intervalle, outre un jour pour trois myriamètres en raison de la distance du domicile du saisi et du lieu où les effets sont vendus.

*Art.* 615. Les opposans ne sont point appelés.

*Art.* 616. Le procès-verbal de récolement qui précède la vente ne contient aucune énonciation des effets saisis, mais seulement de ceux en déficit, s'il y en a.

Voyez ci-dessus, à notre nombre 32, les articles 617 à 625 du Code, réglant les formes prescrites pour la vente et la responsabilité des Commissaires-priseurs et des Huissiers, relativement au prix des adjudications.

42. *Art.* 629. La vente des fruits

pendant par racines (1) est annoncée par placards affichés, huitaine au moins avant la vente, à la porte du saisi, à celle de la maison commune, et, s'il n'y en a pas, au lieu où s'apposent les actes de l'autorité publique; au principal marché du lieu, et s'il n'y en a pas, au marché le plus voisin, et à la porte de l'auditoire de la justice de paix.

*Art.* 630. Les placards désignent les jour, heure et lieu de la vente; les noms et demeures du saisi et du saisissant; la quantité d'hectares et la nature de chaque espèce de fruits, la commune où ils sont situés, sans autre désignation.

*Art.* 631. L'apposition des placards

(1) Voyez les trois articles 626, 627 et 628, relatifs à la saisie-brandon ou saisie des fruits pendant par racines, et à l'établissement d'un gardien à cette saisie.

126 *Prisées, Ventes aux enchères,*

est constatée ainsi qu'il est dit au titre des *Saisies-Exécutions.*

Voyez ci-dessus, à notre nombre 32, l'article 619 du Code.

*Art.* 632. La vente est faite un jour de dimanche ou de marché.

*Art.* 633. Elle peut être faite sur les lieux ou sur la place de la commune où est située la majeure partie des objets saisis. — La vente peut aussi être faite sur le marché du lieu, et s'il n'y en a pas, sur le marché le plus voisin.

*Art.* 634. Sont, au surplus, observées les formalités prescrites au titre des *Saisies-Exécutions.*

Voyez ci-dessus, à notre nombre 32, les articles 622, 623, 624 et 625 du Code.

*Art.* 635. Il est procédé à la distribution du prix de la vente ainsi qu'il est dit au titre *de la Distribution par Contribution.*

Voyez ci-après notre nombre 44.

*Art.* 809. Les ordonnances sur référé (rendues sur les difficultés relatives à l'exécution d'un titre exécutoire ou d'un jugement) sont exécutoires par provision, sans caution, si le juge n'a pas ordonné qu'il en serait fourni une. — Elles ne sont pas susceptibles d'opposition. — Dans le cas où la loi autorise l'appel, cet appel peut être interjeté même avant le délai de huitaine, à dater du jugement; et il n'est point recevable s'il a été interjeté après la quinzaine, à dater du jour de la signification du jugement.....

Voyez les articles 819 à 825 sur la *saisie-gagerie* et la *saisie-arrêt sur débiteurs forains.* L'article 825 renvoie aux règles précédentes pour la saisie-exécution, la *vente* et la distribution des deniers.

*Art.* 986. Si l'héritier veut, avant

de prendre qualité, et, conformément au Code civil, se faire autoriser à procéder à la vente d'effets mobiliers dépendant de la succession, il présentera à cet effet requête au président du tribunal de première instance dans le ressort duquel la succession est ouverte. — La vente en est faite par un Officier public (un Commissaire-priseur à Paris, et les autres Officiers ailleurs), après les affiches et publications ci-dessus prescrites pour la vente du mobilier.

*Art.* 1000. Le curateur à une succession vacante est tenu, avant tout, de faire constater l'état de la succession par un inventaire, si fait n'a été, et de *faire vendre les meubles* suivant les formalités prescrites aux titres *de l'Inventaire* et *de la Vente du Mobilier.*

*Art.* 1016. Le jugement arbitral est signé par chacun des arbitres.....

— Un jugement arbitral n'est, dans aucun cas, sujet à l'opposition.

*Art.* 1020. Le jugement arbitral est rendu exécutoire par une ordonnance du président du tribunal de première instance dans le ressort duquel il a été rendu.....

*Art.* 1021. Les jugemens arbitraux, même ceux préparatoires, ne peuvent être exécutés qu'après l'ordonnance qui est accordée à cet effet par le président du tribunal.....

Voyez les articles 1030 et 1031 sur les amendes et les dommages-intérêts à prononcer contre les Officiers ministériels, et l'article 1037, sur l'exécution prescrite tel jour et telles heures.

Les ventes forcées se font *sur la place publique.* — Dans le cas où l'on craint le dépérissement des effets, et où l'on désire les vendre dans les lieux où ils ont été saisis, on requiert l'autorisation du tribunal. Cette autorisation s'obtient sur requête, et par un jugement rendu sur rapport fait par l'un des juges. On peut néanmoins s'y faire autoriser par ordonnance rendue sur référé, conséquemment les opposans, y étant appelés.

Les Commissaires-priseurs et autres Officiers-vendeurs doivent, dans ce cas, comme dans tous les autres, enregistrer sur leurs procès-verbaux les oppositions subsistantes aux saisies, et celles qui surviennent dans leurs mains. — Voyez, à cet égard, notre nombre 30.

Ces Officiers doivent s'assurer si toutes les procédures sont bien en règle, si tous les délais voulus par la loi sont expirés, et si toutes les formalités prescrites par les articles du Code de procédure civile ont été exactement observées.

43. Ayant à payer, après la vente,

les frais privilégiés, notamment ceux d'apposition et levée des scellés, etc., il est bon qu'ils connaissent le tarif de ces frais. Il est aussi utile qu'ils connaissent le tarif des frais des actes et procédures qui ont quelques rapports avec leurs fonctions. Nous les donnons ici succinctement.

*Frais à payer aux Juges de paix.*

| | f. | c. |
|---|---|---|
| Vacation (par) d'apposition, reconnaissance et levée des scellés. | 5 | » |
| Vacation de référé.. . . . . . . . . | 5 | » |
| Assistance au conseil de famille. . | 5. | » |
| Ouverture de porte. . . . . . . . | 5 | » |

(Les articles 1 à 8, du Réglement du 16 février 1807, fixent les droits des Juges de paix des autres villes que Paris et des cantons ruraux. — Ces articles doivent être nécessairement consultés à cause des nombreux détails.)

*Frais à payer aux Greffiers des Juges de paix.*

| | | |
|---|---|---|
| Rôle (par chaque) d'expédition (compris le papier). . . . . . . . . | 1 | » |

|  | f. | c. |
|---|---|---|
| Deux - tiers des vacations des Juges de paix, par chacune. . . | 3 | 20 |
| Declaration. . . . . . . . . . . . | » | 5o |
| Opposition ( par ) reçue. . . . | » | 5o |
| Extrait ( pour chaque ) d'opposant. . . . . . . . . . . . . . . . | » | 5o |

( Les articles 9 à 20 du Réglement fixent les droits des Greffiers des autres villes que Paris et des cantons ruraux. — Voyez nécessairement ces articles, à cause des détails. )

*Frais à payer aux Huissiers des Justices de paix.*

|  |  |  |
|---|---|---|
| Citation ( par chaque). . . . . . | 1 | 5o |
| Opposition. . . . . . . . . . . | 1 | 5o |
| Sommation. . . . . . . . . . . | 1 | 5o |
| Copie de pièces, par rôle.. . . . | » | 25 |

( Les articles 21, 22 et 23 du Réglement fixent les droits des Huissiers des Justices de paix des autres villes que Paris et des cantons ruraux.—Voyez ces articles. )

*Frais à payer aux autres Huissiers.*

|  |  |  |
|---|---|---|
| Exploits de toute nature. . . . . | 2 | » |
| Copie de pièces, par rôle. . . | » | 25 |

Procès-verbal de saisie, de trois f. c.
heures.. . . . . . . . . . . . . . . 8 »

Seconde vacation (pour chaque)
de saisie, compris les témoins. . . 5 »

Vacation du Commissaire de
police. . . . . . . . . . . . . . . . 5 »

*Frais de garde*, par chacun des
douze premiers jours. . . . . . . . 2 50

Pour chacun des jours suivans. 1 »

Procès-verbal de récollement. . 3 »

Pour chaque copie, le quart de
l'original. . . . . . . . . . . , . . . . » 75

Procès-verbal de récollement
qui précède la vente. . . . . . . . . 6 »

Rédaction de l'affiche.. . . . . . 1 »

Procès-verbal d'affiches. . . . 3 »

Pour chaque vacation de trois
heures à la vente, le procès-verbal
compris, dans les lieux où les
Huissiers sont autorisés à la faire. 8 »

Vacation au réquisitoire.. . . . . 2 »

Pour chacune des deux premières publications ou expositions,
en cas de vente de barques, chaloupes, ou vaisselle d'argent, bagues et joyaux. . . . . . . . . . . . . 6 »

Pour la troisième, *rien*, étant comprise dans la vente.. . . . . . . » »

Rôle d'expédition (par chaque) du procès-verbal de vente. . . . . 1 »

Pour vacation à la taxe des frais. 3 »

(Les articles 27 à 42, du Réglement du 16 février 1807, déterminent les droits des Huissiers, pour les objets qui précèdent, dans les autres villes que Paris et les cantons ruraux. — Voyez nécessairement ces articles, à cause des nombreux détails.)

### Frais à payer aux Avoués.

Requête pour faire commettre un Notaire. . . . . . . . . . . . 3 »

Requête pour faire autoriser à la vente du mobilier d'une succession. . . . . . . . . . . . . . . . 3 »

Vacation (pour chaque) relative aux scellés et inventaire. . . . . . 6 »

(Les articles 77 et 94 du Réglement fixent les droits, à l'égard de ces objets, des Avoués des autres villes que Paris et des cantons ruraux. — Voyez ces articles.)

*Frais à payer aux Notaires.*

Vacation (pour chaque) de trois f. c.
heures. . . . . . . . . . . . . . . . 9 »

Il leur est alloué trois vacations par jour quand ils opèrent dans le lieu de leur résidence ; et quànd ils sont obligés de se transporter à plus d'un myriamètre de leur résidence, il leur est alloué, par journée, qui est comptée à raison de cinq myriamètres, aussi pour l'aller et le retour, quatre vacations : or, c'est ou 27 ou 36 fr., suivant les cas.

Rôle d'expédition (par) de tous les actes qu'ils reçoivent, non compris les déboursés : . . . . . . 3 »

(Les articles 168, 169 et 174 du Réglement déterminent les droits, à cet égard, des Notaires des autres villes que Paris et des cantons ruraux. — Voyez ces articles.)

*Nota.* Les mémoires des Officiers ministériels doivent être faits sur deux colonnes : *Déboursés.* — *Frais.*

*Frais de garde.*

Voyez ci-dessus *frais à payer aux Huis-siers.*

(Les articles 26 et 34 du Réglement du 16 février 1807, fixent les frais de Garde dans les autres villes que Paris et dans les cantons ruraux. — Voyez ces articles.)

44. Nous avons dit, à notre nombre 28, que les *Ventes en cas de séparation de biens,* ne pouvant avoir lieu qu'en vertu de jugemens, rentraient dans la classe des ventes forcées.

L'article 1444 du Code Napoléon dispose :

« La séparation de biens, quoique prononcée en justice, est nulle, si elle n'a point été exécutée par le paiement réel des droits et reprises de la femme, effectué par acte authentique, jusqu'à concurrence des biens du mari, ou au moins par des poursuites commencées dans la quinzaine qui a suivi le jugement, et non interrompues depuis ».

On sait que dans l'exécution est comprise communément la vente des meubles du mari, pour, avec leur produit, remplir la femme de ses droits et reprises jusqu'à due concurrence. Pour cette vente, comme pour les autres ventes judiciaires, sont observées les formes énoncées en notre nombre 32 ci-dessus.—Voyez le modèle de procès-verbal de cette vente.

La faillite du mari est une cause de séparation de biens, puisqu'elle met la dot de la femme en péril.

Sous quelque régime (en communauté ou dotal) qu'ait été formé le contrat de mariage, hors le cas où la femme justifie que les biens lui appartiennent comme provenant de donation ou succession, la présomption légale est que les biens acquis par la femme du failli appartiennent à son mari, sont payés de ses deniers, et doivent être réunis à la masse de son actif. *Art.* 547 *du Code de Commerce.*

Tous les meubles meublans, effets mobiliers, diamans, tableaux, vaisselle d'argent, et autres objets, tant à l'usage du mari qu'à celui de la femme, sous quelque régime ( en communauté ou dotal ) qu'ait été formé le contrat de mariage, sont acquis aux créanciers, sans que la femme puisse en recevoir autre chose que les habits et linge à son usage, qui lui seront accordés d'après l'article 529. (1)

(1) Dans tous les cas (de banqueroute comme de faillite), il est, sous l'approbation du Commissaire, remis au failli et à sa famille les vêtemens, hardes et meubles né-

alors soit à l'ancienneté des Commissaires-priseurs , soit à la qualité des parties.

Il en doit être de même lorsque ce sont d'autres Officiers-vendeurs que les Commissaires-priseurs.

Le Commissaire-priseur (l'officier) nommé par l'exécuteur testamentaire , ayant la saisine , est préféré.

Celui nommé par le conjoint survivant est aussi confirmé.

S'il n'en est point nommé par ces personnes , ou qu'il n'en soit nommé que par l'une d'elles, comme il ne doit pas s'en trouver plus de deux, on garde pour les opérations le plus ancien de ceux choisis par le tuteur ou par les héritiers.

S'il y a discussion entre les parties sur la nomination des Commissaires-priseurs ( ou des autres Officiers estimateurs et vendeurs ), on en réfère au juge, qui désigne ceux qui reste-ront, ou qui en commet d'office (1).— Le juge en nomme ordinairement d'office, lorsqu'on lui présente re-quête pour être autorisé à vendre sans attribution de qualité. Il désigne communément ceux qui ont fait les prisées.

Lorsque deux Commissaires-pri-seurs ont procédé concurremment à une vente, la minute et les fonds restent à l'ancien, à moins d'une con-vention contraire, et tous deux sont solidairement responsables des de-niers.

46. Dans le cas où il y a un époux survivant, la prisée se fait par le Commissaire-priseur ( ou l'autre Of-ficier, soit Notaire, soit Greffier, soit

(1) Conformément à l'article 935 du Code de procédure, que l'on a vu a notre nombre 31.

Huissier) qu'il à choisi, et rarement le subrogé tuteur en demande un autre (1), afin de ne point surcharger d'autant la communauté.

Mais si le survivant qui a l'usufruit désire de conserver la jouissance du mobilier, ainsi qu'elle lui est accordée par les articles 587 et suivans du Code Napoléon, ou bien s'il n'a pas fait faire inventaire, et que le subrogé tuteur requière une prisée des meubles, comme l'y autorise l'article 1442 du même Code, qui le rend solidaire avec l'époux survivant dans le cas prévu par cet article, le Commissaire-priseur *ou* autre Officier estimateur choisi par le subrogé tuteur, est préféré, et le survivant est

(1) On pense que le subrogé tuteur a le droit de le faire, parce que ses fonctions sont d'agir dans l'intérêt du mineur contre le tuteur ou la tutrice.

tenu de prendre les meubles d'après l'estimation qu'il en a faite.

Comme les époux survivans savent, lorsqu'ils font faire inventaire, s'ils garderont les meubles en tout ou en partie, on est dans l'usage, pour éviter toute discussion et une prisée subséquente, de faire faire l'estimation par un seul Commissaire-priseur, nommé par le subrogé tuteur; et il est expressément fait mention de cette nomination dans l'inventaire, où même on insère que cette nomination a été faite parce que le survivant a manifesté l'intention de garder les meubles en nature.

Dans les faillites, ce n'est point aux faillis que peuvent appartenir les nominations des Commissaires-priseurs, ou autres Officiers estimateurs ou vendeurs, puisqu'ils sont dépossédés; la nomination en appartient aux syndics provisoires, et, en cas de contrat d'union des créanciers, aux syndics définitifs, sous l'autorisation du juge-commissaire de la faillite, qui la donne au bas d'une requête qui lui est présentée à cet effet, ou simplement sur l'indication qui lui est faite par les syndics.

## SECTION IV.

*Des Distributions de Prix.*

47. On a vu ci-dessus aux articles 624 et 625 du Code, rapportés à notre nombre 32, que l'adjudication est faite au plus offrant, et en payant comptant; que, faute de paiement, l'effet est revendu sur-le-champ à la folle enchère de l'adjudicataire, et que les Commissaires-priseurs et les Huissiers sont personnellement responsables du prix des adjudications. Il faut toujours que les deniers de la

vente soient prêts à être remis par le Commissaire - priseur et tout autre Officier vendeur.

Les deniers peuvent rester pendant un mois dans les mains du Commissaire-priseur ou de l'autre Officier vendeur.

Si les deniers arrêtés ou le prix des ventes ne suffisent pas pour payer les créanciers, le saisi et les créanciers sont tenus, *dans le mois*, de convenir de la distribution par contribution. *Art.* 656 *du Code de Procédure civile.*

Les articles 657 à 664 règlent la procédure à suivre sur la demande en distribution par contribution.

L'article 662 intercallaire porte que « les frais de poursuite seront prélevés par privilége, avant toute autre créance que celle pour loyers dus au propriétaire (celle-ci devant toujours être payée la première). »

S'il n'y a point de contestation, le juge-commissaire clot son procès-verbal, arrête la distribution de deniers, et ordonne que le greffier délivre mandement aux créanciers, en affirmant par eux la sincérité de leurs créances. *Art. 665 du même Code.*

Les articles 666 à 669 règlent la procédure à suivre en cas de contestation sur cette distribution de deniers.

Après l'expiration du délai (de dix jours) fixé pour l'appel du jugement qui a statué sur la distribution de deniers arrêtée par le juge-commissaire, et, en cas d'appel, après la signification de l'arrêt au domicile de l'avoué, le juge-commissaire clot son procès-verbal, ainsi qu'il est prescrit par l'article 665 (qu'on vient de lire). *Art. 670 du même Code.*

Huitaine après la clôture du procès-verbal, le greffier délivre les mandemens aux créanciers, en affirmant par eux la sincérité de leur créance par-devant lui. *Art.* 671 *ibidem.*

Les intérêts des sommes admises en distribution cessent du jour de la clôture du procès-verbal de distribution, s'il ne s'élève pas de contestation ; en cas de contestation, du jour de la signification du jugement ( de l'arrêt ) sur appel. *Art.* 472 *ibidem.*

48. Lorsque les deniers sont restés entre les mains du Commissaire-priseur, ou d'un autre Officier vendeur, c'est lui qui acquitte les mandemens délivrés par le greffier. Lorsque les deniers ont été versés à la caisse d'amortissement, ou au receveur des consignations, c'est ou ce receveur ou le caissier de la caisse d'amortissement qui les acquitte.

La consignation a lieu, aux termes de l'article 657 , dans la huitaine qui suit le mois accordé aux créanciers pour convenir de la distribution par contribution. — Il est fait déduction à l'Officier vendeur du montant de ses frais, d'après la taxe qui en est faite par le juge sur la minute du procès-verbal, et il est fait mention de cette taxe dans les expéditions.

Voyez l'observation à la suite du modèle de compte de vente.

## SECTION V.

*Des Comptes de Ventes, et de l'Ordre dans lequel doivent être payées les Créances privilégiées.*

49. Les Commissaires-priseurs et autres officiers qui procèdent aux ventes, étant réputés comptables, sont contraignables par corps pour le paiement du reliquat des comptes. *Art.* 2060, *n*° 7 *du Code Napoléon.*

Ils sont responsables des crédits

150 *Prisées, Ventes aux enchères,*

qu'ils font ( *Art* 625 *du Code de Procédure civile, rapporté à notre nombre* 32 ), à moins qu'ils n'aient été autorisés par les parties à en faire, soit aux survivans, soit aux héritiers entre eux, soit à des étrangers ; laquelle autorisation doit être expressément inscrite aux procès-verbaux de vente.

Dans l'usage, ceux qui ont fait les ventes sont chargés de payer les frais privilégiés, tels que frais de scellés, d'inventaire, frais funéraires, frais de maladie, frais de garde de scellés, salaires de garde-malade, créances des médecins, chirurgiens, pharmaciens, boulangers, bouchers, loyers, impositions, patentes et droits d'ouverture de succession. — Ils retiennent par leurs mains leurs honoraires et leurs déboursés.

Quoique tous les objets que nous venons d'énoncer soient privilégiés

sur les meubles, il y en a qui passent
les premiers, d'autres qui concourent entre eux (1), et l'officier vendeur doit en savoir faire la distinction
pour ne pas payer les uns au préjudice des autres. L'art. 1er de la loi
du 12 novembre 1808, les articles
2101 et 2102 du Code Napoléon, et
662 du Code de Procédure civile,
sont les régulateurs qu'il doit consulter à cet égard,

Nous croyons devoir, d'après ces
articles, déterminer l'ordre dans lequel viennent les créances privilégiées :

1° Les frais et déboursés de vente;
et même, en cas de vente forcée, les
frais de saisie et mise d'exécution;
parce qu'il a fallu vendre les meubles
pour obtenir un prix, et que soit le

(1) Art. 2096 et 2097 du Code Napoléon.

152 *Prisées, Ventes aux enchères,*
trésor public, soit le propriétaire,
eût été obligé de les faire vendre.

2º La créance du trésor public
pour l'année échue et l'année courante des contributions mobilières,
des portes et fenêtres, des patentes
et de toute autre contribution directe
et personnelle,

Et pour l'année échue et courante de la contribution foncière;
son privilége s'exerçant, *avant tout
autre*, sur tous les meubles et autres
effets mobiliers appartenant aux
redevables, en quelques lieux qu'ils
se trouvent, pour les contributions
mobilières, et sur les récoltes, fruits,
loyers et revenus des biens immeubles sujets à la contribution, pour
la contribution foncière, aux termes
de *l'article 1ᵉʳ de la loi relative au
Privilège du trésor public pour le recouvrement des contributions direc-
tes, du 12 novembre 1808.*

(Le privilége du trésor public pour les contributions passe si bien avant celui du propriétaire, que les propriétaires sont responsables des contributions des locataires, lorsqu'ils les ont laissé déménager sans qu'ils eussent payé leurs contributions; duquel paiement ils ont droit de se faire justifier.)

3° La créance du propriétaire de la maison dans laquelle demeurait celui dont on vend les meubles et effets. — Les frais de poursuite seront prélevés, par privilége, avant toute créance *autre que celle pour loyers dus au propriétaire*, dit l'art. 662 du Code de Procédure civile.

L'art. 2102 du Code Napoléon met en première ligne des priviléges sur certains meubles (ceux apportés dans les lieux), les *loyers* et fermages des immeubles.

On ne peut s'empêcher de considérer que, sans lieu d'habitation, ni la personne, ni ses meubles n'eussent pu être conservés. Or, il est de toute justice que le propriétaire du lieu qui a reçu la personne et ses meubles, soit payé par privilége et préférence à toute créance autre que celle du trésor public pour contributions.

S'il était resté quelque doute, quoiqu'il ne dût pas y en avoir, d'après les dispositions des articles 2101 et 2102 du Code Napoléon, ils seraient levés par l'art. 662 du Code de Procédure, qu'on vient de lire.

Les fermages sont dans la même cathégorie que les loyers, aussi sont-ils payés par privilége et préférence sur tout ce qui est apporté dans la ferme.

Pour quelle quotité le privilége existe-t-il? L'art. 2102 le prononce: pour tout ce qui est échu et à échoir s'il y a bail authentique ou ayant une

» date certaine ( par l'enregistrement),
» et, s'il n'y a pas de bail authentique ou
» ayant une date certaine, seulement
pour une année, à partir de l'expiration de l'année courante, ce qui peut
signifier pour deux années, savoir
l'année expirante et l'année courante,
si celle-ci est prête à finir.

Le même privilége a lieu, et vient
conséquemment au même rang, pour
les réparations locatives, et pour tout
ce qui concerne l'exécution du bail
( pour tous les actes à faire pour obtenir son exécution ), dit le même
article 2102, même numéro 1.er

Et telle est la force du privilége du
propriétaire, qu'en cas de déplacement, sans son consentement, des
meubles garnissant sa maison ou sa
ferme, il peut les saisir et revendiquer
partout où ils peuvent avoir été portés, dans la quinzaine, s'il s'agit de
meubles garnissant une maison ou un

appartement (c'est la même chose )', et dans les quarante jours , s'il s'agit du mobilier qui garnissait une ferme.

Le privilége du propriétaire de la maison d'habitation vient si bien dans l'ordre indiqué , qu'il est préféré à celui du vendeur sans jour et sans terme, et qui exerce sa revendication dans la huitaine de la livraison, soit des meubles, soit des effets mobiliers apportés dans les lieux, à moins qu'il ne soit prouvé que le propriétaire avait connaissance que les meubles et autres objets garnissant sa maison ou sa ferme n'appartenaient pas au locataire , porte le même art. 2102 , n° 4, § 3 de ce numéro.

4° Les frais de justice ; ceux – ci viennent concurrement, lorsqu'il y a lieu à contribution entre eux.

5° Les frais funéraires ( on sait qu'on peut faire enterrer sans frais ceux qui ne laissent rien : ainsi, s'il n'y n'avait pas de deniers, le défunt devrait être enterré de cette manière ).

6º Les frais quelconques de la dernière maladie, et concurremment, s'il y a nécessité, entre les médecins, chirurgiens, pharmaciens et gardes-malades, à qui ils sont dus.

7º Les salaires des gens de service, pour l'année échue, et ce qui est dû sur l'année courante (1).

8º Les fournitures de subsistances faites au débiteur et à sa famille ; savoir, pendant les six derniers mois, par les marchands en détail, tels que les boulangers, bouchers et autres,

(1) L'action des ouvriers et gens de travail, pour le paiement de leurs journées, fournitures et salaires. se prescrivant par six mois, et celle des domestiques qui se louent à l'année, pour le paiement de leur salaire, se prescrivant par un an (*art.* 2271 *et* 2272 *du Code Napoléon*), leur privilége n'a lieu qu'au prorata.

158 *Prisées, Ventes aux enchères,*

(les marchands de vin, marchands de bois, marchands de fruits, légumes, beurre et œufs);

Et, pendant la dernière année, par les maîtres de pension et marchands en gros ( c'est-à-dire par les marchands qui vendent par pièces entières, par caisses et sous enveloppes, en un mot, ceux qui font des reventes sous les enveloppes usitées pour les premières entrées dans le commerce, des objets commerçables, comme le dit l'*art. 30 de la loi du* 1er *brumaire an 7, sur les Patentes* ).

Toutefois observez que, toujours, sont préférés, 1° le créancier, sur le gage dont il est saisi;

2° Les frais faits pour la conservation de la chose;

3° Le prix d'effets mobiliers non payés, s'ils sont encore en la possession du débiteur, soit qu'il ait acheté à terme ou sans terme : — Si la vente

: a été faite sans terme , le vendeur peut même revendiquer ces effets tant qu'ils sont en la possession du débiteur, et en empêcher la revente (1), pourvu que la revendication soit faite dans la huitaine de la livraison , et que les effets se trouvent dans le même état dans lequel cette livraison a été faite ; — mais le privilége du vendeur ne s'exerce qu'après celui du propriétaire de la maison ou de la ferme, à moins qu'il ne soit prouvé que le propriétaire avait connaissance que les meubles et autres objets garnissant sa maison ou sa ferme n'appartenaient pas au locataire ;

4° Les fournitures d'un aubergiste, sur les effets du voyageur qui ont été transportés dans son auberge ( seulement pour six mois, l'action des

(1) Voyez au Code de commerce, liv. 3, le titre 3, *de la Revendication,*

hôteliers et traiteurs, à raison du lo-
gement et de la nourriture qu'ils
fournissent, se prescrivant par six
mois, aux termes de l'art. 2271 );

5º Les frais de voiture et les dépenses accessoires ( nourriture et lo-
gement des hommes et des animaux
y employés, réparations des voitures,
ferremens des chevaux, etc. ), sur
la chose voiturée;

6º Les créances résultant d'abus
et prévarications commis par les
fonctionnaires publics dans l'exercice de leurs fonctions, sur le fonds
de leur cautionnement, et sur les intérêts qui en peuvent être dus.

Telles sont les dispositions litté-
rales et expliquées de l'art 2102 du
Code Napoléon, pour ces six dis-
tinctions.

Lorsqu'il n'y a pas de quoi payer
tous les créanciers privilégiés, il s'é-
tablit une contribution au marc le

franc entre ceux qui concourent, les autres étant acquittés.

5o. Les comptes des Commissaires-priseurs se rendent ou par-devant Notaires, ou par actes mis à la suite des procès-verbaux de ventes. — Ils sont, comme tous les comptes, composés d'un chapitre de recette, d'un chapitre de dépense, d'une balance et d'un reliquat. — Le reliquat se paye à qui de droit, s'il n'y a pas d'opposition ; et s'il y a des oppositions, il se dépose à la caisse d'amortissement, *ou* au receveur des dépôts et consignations.

Le compte doit être appuyé des pièces justificatives, c'est-à-dire, des quittances des créanciers privilégiés qui ont été payés, et de celle du Commissaire-priseur *ou* Officier-vendeur lui-même, qui a retenu ses honoraires et déboursés par ses mains (1). — Les

(1) A cet égard, sa mention au procès-verbal vaut sa quittance.

quittances des fournisseurs, ouvriers, maîtres de pension, et autres de même nature, produites comme pièces justificatives du compte, sont dispensés de l'enregistrement. *Art.* 537 *du Code de Procédure civile.*

Enfin le compte doit être signé de l'oyant ou des oyans, et du Commissaire-priseur ou Officier qui le rend. — Si l'une ou plusieurs des parties ne savent signer, il faut qu'alors ce compte soit rendu ou en présence d'un Commissaire-priseur, ou en présence d'un Notaire, ou d'un Greffier, ou d'un Huissier, quand elle a été faite par l'un de ces Officiers, en un mot, en présence d'une personne de la même classe, ou bien en présence de deux témoins qui signent à la place de celui qui ne sait pas signer.

Un avis du Conseil-d'Etat, du 7 octobre 1809, approuvé le 21 par Sa

Majesté, sur les *Quittances relatives aux ventes à l'encan d'objets mobiliers*, est conçu ainsi qu'il suit:

1° Les quittances et décharges de prix de ventes mobilières, faites par les Notaires, Greffiers, Commissaires-priseurs et Huissiers, peuvent être mises à la suite ou en marge des procès-verbaux de ventes.

2° Dans ce cas, les quittances et décharges doivent être rédigées en forme authentique, c'est-à-dire, que l'Officier public attestera que la partie est comparue devant lui pour régler le reliquat de la vente, dont elle lui donnera décharge; et cet acte sera signé, tant par l'Officier que par la partie; et si la partie ne sait pas signer, par un second Officier de la même qualité, ou par deux témoins.

3° Les quittances et décharges ainsi rédigees, doivent être enregistrées dans les délais fixés par l'art.

20 de la loi du 22 frimaire an 7 ; savoir, pour les Notaires, dans les dix ou quinze jours de leur date ; pour les Greffiers, dans les vingt jours ; et pour les Commissaires-priseurs et les Huissiers, dans les quatre jours.

Il n'est dû que le droit fixe d'un franc, conformément aux n^os 22 et 27 de l'art. 68 de la même loi.

4° Il ne doit être fait aucune recherche pour les quittances et décharges, sous seing-privé, données antérieurement à la publication du présent avis.

Il a été rendu vu l'art. 23 de la loi du 13 brumaire an 7, relative au timbre, et vu l'art. 42 de la loi du 22 frimaire an 7, relative à l'enregistrement.

Sur cet avis du Conseil-d'Etat, la chambre des Commissaires-priseurs, par délibération du jeudi 7 décembre 1809, a arrêté, 1° qu'au moyen de l'interprétation donnée par l'autorité aux lois de la matière, aucun compte de vente, à la suite ou en marge du procès-verbal, ne peut plus être arrêté sous la forme du sous seing-privé, mais doit être rédigé en acte authentique, et dans les formes réglées par l'avis du Conseil-d'Etat; — 2° Que l'enregistrement de cet acte est à faire au bureau de l'arrondissement du domicile du Commissaire-priseur; — et 3° que cet acte est à porter sur le répertoire, à sa date.

52. En cas de contestation pour ou sur la reddition du compte, le titre *des Redditions des comptes*, 4ᵉ du livre 5 de la première partie du Code de Procédure civile, serait suivi, pour la procédure à tenir relativement à cette contestation. Il est inutile de rapporter ici les dispositions de ce titre, qui peuvent être consultées.

# CHAPITRE IX.

*De la Cessation des Fonctions du Commissaire-priseur, et de l'Admission de son Successeur.*

———

53. **A** la retraite d'un Commissaire-priseur, on observe ce qui se pratique à l'égard de tous les Officiers ministériels : celui qui veut cesser ses fonctions, remet sa démission ; un candidat se présente à la Chambre des Commissaires-priseurs, muni de cette démission, de son acte de naissance et des pièces qui constatent qu'il a satisfait aux lois sur la conscription. Les membres de la Chambre écrivent à tous les Commissaires-priseurs pour leur faire part que *telle* per-

sonne se présente en remplacement d'un collègue démissionnaire, et les invitent à leur faire parvenir les renseignemens qu'ils peuvent avoir sur le candidat.

La huitaine expirée, celui-ci se représente.

On l'adresse au Président du Tribunal civil, auquel il donne sa requête tendant à être présenté à Sa Majesté en remplacement d'un *tel* démissionnaire : il joint la démission et les autres pièces dont il a déjà donné connaissance à la Chambre. Le Président le renvoie par - devant cette Chambre pour en obtenir l'*admittatur*.

54. Cette chambre, qui a dû faire prendre de son côté tous les renseignemens nécessaires sur le candidat, l'interroge sur quelques-unes des fonctions qu'il demande à remplir, et lui accorde ou lui refuse *l'admittatur*;

ce qui se fait par voie de scrutin, à la majorité des suffrages.

Le candidat retourne au tribunal civil, où il obtient son acte de présentation.

Il a dû préalablement faire des visites aux juges et aux membres de la chambre pour s'en faire connaître.

Muni de son acte de présentation, et des autres pièces précitées, il se retire dans les bureaux du Grand-Juge Ministre de la Justice, où il sollicite sa nomination.

55. La nomination obtenue, il verse à la caisse d'amortissement son cautionnement. (1)

Il est ensuite présenté par deux membres de la chambre à l'une des audiences du tribunal civil pour y prêter son serment. (2)

(1) Sur le Taux, voyez ci-dessus notre nombre 7.

(2) Sur sa Forme, voyez notre nombre 8.

Ces formalités remplies, il est investi de tous les pouvoirs nécessaires, et peut dès ce moment exercer son état.

Il en reste une dernière, mais qui n'ajoute rien à ses droits, et n'est d'usage que parmi les Commissaires-priseurs : ordinairement, le dimanche qui suit l'admission, le candidat est décoré, par le président de la chambre, de la ceinture (1) qui est la marque distinctive de son état, et cela, en présence des autres Commissaires-priseurs qui s'y trouvent d'après l'invitation qui leur en a été faite par les membres de la chambre.

56. Le Commissaire-priseur démissionnaire n'a plus alors à s'occuper que de toucher son cautionnement à la caisse d'amortissement.

Avant toutes choses, il faut qu'il

(1) Sur cette Ceinture, voyez notre nombre 22.

présente aux membres de la chambre de la compagnie qu'il vient de quitter, les minutes des procès-verbaux de toutes les ventes qu'il a faites depuis sa nomination, et tous les comptes tant rendus qu'à rendre, avec les pièces à l'appui de la dépense quant à ces derniers.

La chambre, après avoir vu et examiné le tout, délivre un *quittus* à l'Officier, constate la somme dont il reste reliquataire dans chaque affaire, et celui-ci est tenu d'en faire le dépôt à la caisse d'amortissement, ou d'y laisser, jusqu'à due concurrence, le montant de son cautionnement.

Ce démissionnaire a dû, aussitôt après la nomination de son successeur, faire au greffe du tribunal civil de première instance, la déclaration qu'il avait cessé ses fonctions. Cette déclaration est enregistrée et affichée au tribunal. — Après y être demeurée trois mois, il lui en est délivré par le Greffier un certificat, qu'il joint aux pièces, et qu'il fournit également à la caisse d'amortissement.

Cette affiche est exigée afin de donner aux créanciers du démissionnaire, connaissance de sa retraite, et de les mettre à même d'exercer leurs droits sur son cautionnement.

# DEUXIÈME PARTIE.

*Des Notaires, des Greffiers, et des Huissiers - vendeurs ; des différens Actes de la Compétence de ces Officiers et de celle des Commissaires-priseurs ; des Tableaux comparatifs, et des Tarifs qu'ils ont besoin de connaître.*

## CHAPITRE PREMIER.

*Des Notaires, des Greffiers, et des Huissiers-vendeurs.*

57. C'est sous le seul rapport de leur qualité d'estimateurs et vendeurs de

meubles que les Notaires, les Greffiers et les Huissiers sont considérés ici. Ce qui les concerne en cette qualité, est donc la seule chose qui doit nous occuper.

On a vu, à notre nombre premier, la loi qui leur a attribué ces fonctions. C'est toujours en vertu de cette loi qu'ils opèrent, comme nous l'avons dit au même nombre.

Ce que nous avons dit des Commissaires-priseurs relativement aux prisées, aux ventes, aux distributions de prix, et aux redditions des comptes de ventes, est applicable aux Notaires, aux Greffiers et aux Huissiers.

Or, voyez à cet égard tout notre chapitre 8 de la première partie.

Nous avons toujours eu l'attention d'y parler en général, c'est-à-dire, tant pour les Commissaires-priseurs que pour les Notaires, Greffiers et

Huissiers, par notre locution *ou au-tres Officiers vendeurs.*

Eussions - nous omis de le dire à telle ou telle occasion, ces Officiers n'en devraient pas moins s'appliquer tout ce que nous avons dit dans ce huitième chapitre.

D'après cela il serait superflu d'entrer dans de nouveaux détails.

Ils doivent aussi s'appliquer notre nombre 18, précédant le chapitre 8, relativement aux Déclarations de ventes à faire aux bureaux de l'enregistrement et à la Monnaie.

Nous avons dit, au § 1$^{er}$ de la 2$^e$ section de ce chapitre 8, que les Notaires avaient le droit de vendre les rentes sur particuliers. Ils connaissent les formalités qu'ils ont à remplir pour ces ventes. Au surplus, elles sont tracées par les articles 643 à 655 du Code de Procédure civile , au titre *des Saisies ( et ventes ) des rentes*

constituées sur particuliers. Ils peuvent consulter ces articles.

Relativement aux ÉMOLUMENS qui
sont accordés aux Notaires et aux
Huissiers comme vendeurs, voyez
ci-dessus notre nombre 43.

*Nota.* Le Réglement du 16 février
1807 n'ayant rien déterminé pour
les Greffiers, en leur qualité d'estimateurs-vendeurs, (sans doute parce
qu'on a pesé qu'ils ne se livreraient
pas à ces opérations), s'ils avaient fait
des prisées et des ventes, il faudrait
qu'ils se fissent taxer par le président
du tribunal civil de première instance.

Il est d'usage que, lorsque les Greffiers des justices de paix font des prisées et des ventes, ils réclament les
Émolumens qui sont alloués aux Huissiers.

# CHAPITRE II.

## *Des Actes, États, Affiches et Procès-verbaux à faire par les Officiers-vendeurs.*

58. Ce que nous avons fait relativement à la doctrine sur les prisées, ventes, distributions de prix et redditions de comptes des ventes, nous l'avons fait relativement aux Actes auxquels ces opérations donnent lieu. Nous les avons conçus et rédigés pour les Notaires, Greffiers et Huissiers estimateurs-vendeurs, comme pour les Commissaires-priseurs-vendeurs.

Les Modèles sont communs à tous.

# MODÈLES

## DES ACTES, ÉTATS, AFFICHES

### ET PROCÈS-VERBAUX

#### À FAIRE PAR LES OFFICIERS-VENDEURS.

---

### MODÈLE D'UN PROCÈS-VERBAL
#### DE PRISÉE.

59. L'an mil ... le ... à *telle* heure du matin *ou* de relevée, à la requête de ..... et de .... il va être par nous (*noms et prénoms*), Commissaires-priseurs *ou* Experts, *ou* Officiers estimateurs, demeurans .... nommés, savoir, par .... et par ...., procédé à la prisée des meubles et effets ci-après, garnissant une maison *ou* un

appartement dépendant de *telle* maison, sise à.... rue..... desquels les sus-nommés ont désiré de déterminer la valeur, conformément à ce qui a été convenu entre eux par la vente que M...... à faite à M..... d'une maison à..., par contrat passé devant *tels* Notaires, le .... et suivant lequel contrat M.... doit prendre lesdits meubles sur le pied de l'estimation qui en sera faite par nous.

Cette prisée aura lieu à juste valeur et sans crue, suivant la loi qui l'a établie pour toutes les prisées, et au fur et à mesure de la représentation qui nous sera faite par M..., le tout, ainsi et de la manière qui suit; et ont les sus nommés signé avec nous. ( *Les Signatures* ).

### Dans la Cave.

1.° Une feuillette de vin rouge, cru de .... prisée *telle* somme.

2.°....

## Dans le Grenier.

3.° Un tas de débris de meubles et menus objets ne méritant descrip- tion, prisé *telle* somme.

4.° . . . . .
### Ainsi de suite.

Il a été vaqué à ce que dessus de- puis *telle* heure jusqu'à *telle* heure, par double *ou* par simple vacation.

Ce fait, les objets ci-dessus pri- sés et ceux qui ne le sont pas encore, sont restés en la possession de M....; et la vacation pour la continuation de l'estimation a été remise à . . . . .

*Ou bien*, si l'opération est termi- née, on dit :

Ce fait, et ne se trouvant plus rien à priser, tous les objets ci-dessus dé- crits et prisés, ont été remis et laissés en la possession de M.... ( *il est con- venable que ce soit l'acquéreur qui s'en charge alors* ), qui le reconnaît

et s'en charge ; et ont les sieurs sus-
nommés signé avec nous.

( Les Signatures. )

----

MODÈLE D'UN PROCÈS-VERBAL DE
PRISÉE *servant à constater le Mobilier d'une future Epouse dont le
Contrat de mariage doit être passé
avec Exclusion de Communauté.*

60. L'an mil ..., le ..., *telle* heure ...,
à la requête de la demoiselle ... *ou* de
la dame veuve ....., il va être par
nous ..... procédé à la prisée et estimation, à juste valeur et sans crue,
suivant la loi, des meubles, effets,
habits, linge, dentelles, hardes, bijoux, etc., appartenant à ladite demoiselle .... *ou* dame veuve ......,
étant dans un appartement qu'elle
occupe à *tel* étage, dépendant d'une
maison sise à ..... rue ....; desquels

objets il est nécessaire pour elle de faire constater la valeur, pour être mentionnée au contrat de mariage projeté entre elle et M ..., lequel contrat doit porter Exclusion de communauté ; offrant ladite dame veuve *ou* demoiselle de nous faire la représentation desdits objets ; et elle a signé avec nous.

(*Les Signatures.*)

1.° Un lit composé de tant de matelas, etc... prisé la somme de.....

2°.....

(*La Suite comme au précédent procès-verbal.*)

On détaille les objets avec la prisée pour chaque article, comme dans un inventaire ou tout autre procès-verbal de prisée ; mais il faut avoir attention de bien désigner ces différens articles, parce qu'il peut arriver que la femme ait intérêt d'en réclamer

la valeur ou de les reprendre en nature ; et c'est l'un ou l'autre de ces
motifs qui fait prendre cette précau-
tion.

*Nota.* Il est assez rare que l'on fasse
de ces sortes de procès-verbaux, les
Notaires se contentant le plus souvent *d'États*, que l'on dit faits par
gens à ce connaissant, et qui sont
annexés au contrat de mariage. On
se sert du ministère des Commissaires - priseurs, à Paris, pour ces
états, mais sans énoncer leurs noms,
surtout lorsque la future est majeure.

*Observation.* Si d'autres cas né-
cessitaient un procès-verbal de prisées, les changemens à faire seraient
peu difficiles. Il est inutile de les pré-
voir.

PRISÉE D'EFEETS LAISSÉS PAR SUCCES-
SION, OU PRISÉE APRÈS DÉCÈS.

61. Cette prisée se fait sur inventaire. La rédaction de l'inventaire appartenant aux Notaires, à qui il est
inutile de donner des modèles, il
n'est point fait ici de modèle de cette
sorte de prisée.

---

MODÈLE D'UN PROCÈS-VERBAL DE PRI-
SÉE D'EFFETS DÉPOSÉS DANS UN
GREFFE CRIMINEL.

62. L'an mil... le ... *telle* heure,
en vertu d'un jugement rendu par le
tribunal de police correctionnelle,
séant à.... *ou* en vertu d'un arrêt de
la Cour d'assises du département
de ...séant à ..., rendu le..., signé,
enregistré, dûment en forme, dont la
grosse *ou* l'expédition en forme exé-

cutoire est en nos mains, *ou* nous a été représentée par ...., nous (*noms et prénoms*) Commissaires-priseurs *ou* Experts, demeurans..... commis pour l'opération qui suit, nous sommes transportés au greffe du tribunal de police correctionnelle *ou* de la Cour d'assises, où étant, nous avons trouvé M...... Greffier, *ou* Commis-Greffier, *ou* tout autre employé du greffe, auquel nous avons fait part de la mission que nous avons reçue par le jugement *ou* l'arrêt susdaté, et nous l'avons invité de nous faire la représentation de tous les effets déposés au greffe, et provenant du nommé..... condamné par ledit jugement *ou* ledit arrêt, afin d'en faire la prisée ou estimation, pour en être ensuite la remise faite à qui de droit;

Ce à quoi ledit sieur....... ayant consenti, nous avons procédé à l'estimation desdits effets, de la manière et ainsi qu'il suit :

Dans ( *le lieu où se trouvent les effets.* )

1.° Une montre d'or ou d'argent... ( *la désigner* ) prisée la somme de .... ci......

2.° .....

( *La désignation et la prisée comme dans tout autre procès-verbal de prisée.* )

( *Clôture du procès-verbal.*

Il a été vaqué à ce que dessus depuis ladite heure de .......jusqu'à celle de..., par double *ou* simple vacation.

Ce fait, ledit sieur .... nous ayant déclaré n'avoir plus rien à nous représenter, nous avons laissé les objets ci-dessus décrits et prisés en la garde du sieur ...., qui le reconnaît et s'en charge, pour les remettre à qui de droit ; et nous avons clos le présent procès-verbal, qu'il a signé avec nous.

(*Les Signatures.*)

*Nota.* Si le jugement ou l'arrêt avait ordonné que les parties seraient présentes, il suffirait d'ajouter, avant la clôture : le tout fait en présence de *tels* et *tels*.

Si les parties avaient des dires, des protestations à faire, on les inscrirait au procès-verbal, soit dans l'intitulé, soit au moment où ils seraient faits, avant ou après l'article de prisée qui donnerait ou aurait donné lieu au dire, ou à la réclamation, ou à la contestation.

Quelquefois la remise en nature des effets estimés se fait à l'instant à celui au profit duquel le jugement ou l'arrêt a été rendu : on conçoit qu'il faut pour cela qu'il ait été présent à l'opération. — Après avoir dit *qu'il ne s'est plus rien trouvé*, on ajoute au procès-verbal : « et tous » les effets ci-dessus décrits et pri- » sés ont été remis au sieur..... ( *le* » *créancier*), qui le reconnaît et s'en » charge, en décharge le déposi- » taire, et de toutes choses, et d'au- » tant la partie condamnée. » Puis : « Nous avons clos le présent procès- » verbal, que tous les comparans » ont signé avec nous. » (*Les Signa- tures.* )

S'il est fait quelques réserves dans le cours de l'opération, on en réitère la mention, à telle fin que de raison.

*Observation.* Tous les procès-ver- baux se payent par vacations, comme pour les prisées aux inventaires. L'of- ficier y ajoute son papier, l'enregis- trement et les salaires des personnes qu'il a employées, telles que celle qui a tenu la plume, les hommes de peine qui ont aidé à déplacer, transporter les effets, s'il y a eu lieu de le faire ; ce qui doit être dit au procès-verbal, pour éviter toutes contestations lors du paiement.

---

MODÈLE D'UN ÉTAT (1) DE MEUBLES ET EFFETS QUI SONT VENDUS VOLON—TAIREMENT.

63. État des meubles et effets dont le sieur ...... (*nom, prénoms, profession et demeure* ) veut se défaire comme lui étant inutiles, et qui seront vendus le ...., dans *tel* endroit.

1°. Un lit composé de .... matelas .... 2.° Une commode ... 3.° .... 4.° ....

( *Désigner tous les objets par leur nature et leur qualité. Cet État se*

(1) Cet État doit être visé par un des membres de la Chambre des Commissaires-priseurs. ( *Arrêté du 25 frimaire an 10, et Arrêtés subséquens* ).

termine par ces mots : certifié par moi Commissaire-priseur , à Paris , ce..... mil....

*(La Signature du Commissaire-priseur. )*

*Nota.* Si la vente se doit faire dans une salle destinée aux ventes, l'ordonnance du président du tribunal qui l'autorise se met au bas de la requête qui suit ou précède cet état, qui, à Paris, a dû être préalablement visé par un membre de la Chambre de discipline des Commissaires-priseurs.

Quoique cette Requête soit du ressort des Avoués, on ne croit pas inutile d'en indiquer ici la forme.

MODÈLE D'UNE REQUÊTE TENDANTE A
ÊTRE AUTORISÉ A VENDRE DANS UNE
SALLE DESTINÉE AUX VENTES.

*A M. le Président du Tribunal de
première instance du département de la Seine, séant au Palais de Justice.*

64. Requiert le sieur . . . . ( *nom,
prénoms, profession et demeure* )
qu'il vous plaise lui permettre de faire
procéder à la vente, au plus offrant
et dernier enchérisseur, en la manière
accoutumée, des meubles et effets détaillés en l'état ci-dessus, ( *ou* en
l'état qui suit ), lesquels lui appartiennent, et dont il désire de se défaire comme lui étant inutiles; lesquels effets seront vendus dans une
des salles destinées aux ventes, sise
rue . . . . . et vous ferez justice.

( *La Signature de l'Avoué.* )

L'ordonnance rendue sur cette requête doit être enregistrée, comme tous les actes judiciaires.

---

MODÈLE D'UNE DÉCLARATION QUI SE FAIT AU BUREAU DE L'ENREGISTREMENT (1).

65. Le..... mil....est comparu M<sup>e</sup>......( *les noms et demeure du Commissaire-priseur* ou *de tout autre Officier-vendeur* ).

Lequel a déclaré que le... ( *énoncer le jour et le mois* ) à *telle* heure, il procédera à la vente, au plus offrant, en la manière accoutumée, de meubles, effets, linges, bijoux, etc., à la requête du sieur.... ( *les nom, profession ou qualité et demeure du*

(1) Elle s'inscrit par l'Enregistreur sur un registre à ce destiné.

*propriétaire*), et ce , en *tel* endroit ;
et il a signé.

(*La Signature du Commissaire-priseur.*)

Le Receveur de l'enregistrement délivre Copie de cette déclaration, et la certifie conforme.

Le Commissaire-priseur ( ou autre Officier vendeur ) la porte ainsi faite au percepteur du droit d'enregistrement.

En tête de cette copie , qui doit être littéralement transcrite, on met :
« Extrait du Registre des déclarations
» de ventes faites au bureau de l'en-
» registrement du ....... arrondisse-
» ment de . . . . . »

Cette copie certifiée, comme on vient de le dire, du receveur de l'enregistrement, et écrite sur un carré de papier à 3o centimes , se transcrit en tête du procès-verbal de vente, et néanmoins doit y être annexée.

A Paris, les Commissaires-priseurs déclarent encore leurs ventes, au plus tard la veille du jour qu'ils doivent les faire, à leur Chambre de discipline, et leurs déclarations sont inscrites sur un registre à ce destiné.

La *déclaration*, signée d'eux, est écrite sur papier non marqué, et est généralement *conçue en ces termes :*

*Du.....*

M........ ( *le nom du Commissaire - priseur* ) déclare que *tel* jour, à *telle* heure, il procédera à une vente d'effets inutiles, à la requête de..... (*les nom, qualité et demeure du propriétaire*) à *tel* endroit.

MODÈLE DE LA DÉCLARATION QUI DOIT
ÊTRE FAITE A L'HÔTEL DES MON-
NAIES.

66. BORDEREAU des ouvrages en or
et en argent qui seront exposés dans
*telle* vente ( *dire si c'est après décès,
ou forcée, ou d'effets inutiles.* )

Laquelle vente se fera le.... à *telle*
heure, rue.... n°.... par le ministère
de.....

1.º Une montre d'or. ( *La désigner.* )

2.º Une paire de boucles d'argent.

3.º Une tabatière montée en or.

4.º Six couverts d'argent.

5.º....

Je certifie que les objets détaillés
au présent bordereau, comprennent
tous ceux qui seront exposés dans la
vente y énoncée. A.... ce....

( *La Signature de l'Officier-vendeur.*

## MODÈLE DE L'ÉTAT QUI DOIT ÊTRE FOURNI DOUBLE A LA MONNAIE, POUR L'ACQUITTEMENT DES DROITS.

67. État de l'argenterie et des bijoux envoyés à la Monnaie par...... Commissaire-priseur *ou* autre Officier-vendeur, provenant de la vente faite par lui après le décès de.... *ou* pour M........ rue ..... le ..... an mil....

Une montre d'or, une paire de boucles d'argent, etc.

(*Mêmes articles que ceux de la déclaration.*)

*Nota.* Si quelques-uns des objets ont été cassés, on l'énonce, et l'on donne le nom et la demeure de l'acquéreur. On en fait même un état particulier, qui se laisse à la Monnaie.

Je certifie le présent état véritable;
à .... ce .....

( *La Signature de l'Officier-ven-*
*deur.* )

Reçu pour le droit d'Essai, la somme
de.....

A ... ce ...
(*La Signature.*)

Reçu pour le droit de Recense, la
somme de ...

A ... ce ...
(*La Signature.*)

---

MODÈLE D'UNE AFFICHE DE VENTE DE
MEUBLES ET EFFETS.

68. VENTE de meubles et effets, en
une maison située rue.... qui se fera
le... à *telle* heure.

Ces objets consistent en faïence,
poterie, verrerie, et menus ustensiles de ménage;

Batterie de cuisine en fer, en cuivre, fontaine, baignoire aussi de cuivre ;

Chandeliers de cuivre dorés et argentés, porcelaines et dorures ;

Meubles, comme couchers, glaces, fauteuils, commodes, secrétaires, rideaux, tables, etc. ;

Linge de lit, de table, et à l'usage d'homme et de femme ;

Bijoux, comme montre d'or et d'argent, boucles, tabatières, bagues, etc ;

Pendule de *telle* sorte ;

Argenterie ;

Livres ( environ *tel* nombre de volumes ) de *tels*, *tels*, et *tels* auteurs ;

Tableaux de *tels*, *tels* et *tels* peintres, etc.

Le tout sera vendu en francs et au comptant.

*Nota.* Il faut, autant que possible, calculer ce que l'on peut vendre dans chaque vacation, et indiquer le jour où chaque nature d'objets sera vendue, pour éviter la confusion qui résulterait de la réunion de marchands de différens corps.

---

## ARRANGEMENS DES MEUBLES ET EFFETS QUI DOIVENT PRÉCÉDER LES VENTES.

69. Les Commissaires-priseurs, à Paris, sont dans l'usage de faire des arrangemens et classemens préalables des meubles et effets qui doivent être vendus. Ils les distribuent par nature d'objets et par ordre de vacations. S'il s'agit de choses comprises dans des inventaires, ils font des relevés de ces inventaires, en suivant les numéros des prisées. Ces numéros sont portés sur chaque objet à vendre, et ils servent de comparaison, lors de la vente, avec la prisée qui en a été faite, afin de ne pas vendre

au-dessous de la prisée , afin aussi de s'assurer que tout le contenu en l'inventaire a été vendu, ou bien qu'il reste tels , tels et tels articles qui ne l'ont pas été. — Cela devient encore nécessaire pour opérer la décharge des gardiens:

Les procès-verbaux d'arrangemens doivent être expressément requis par les parties , pour qu'ils puissent passer au taxe ; et encore doute-t-on s'ils ne sont pas compris dans le droit de *tant pour cent* alloué aux Commissaires-priseurs. — C'est au juge qu'il appartient de décider en cette occurence.

---

MODÈLE DE PROCÈS-VERBAL D'ARRANGEMENS DES MEUBLES ET EFFETS QUI DOIVENT ÊTRE VENDUS.

70. L'an mil .... le ..., sont com-

parus devant nous (*nom, prénoms, et immatricule du Commissaire-priseur* ou *de tout autre Officier-vendeur*), les sieurs . . . . . . (*noms, prénoms, qualités et demeures*),

Lesquels nous ont expressément requis de procéder aux arrangement et mise en ordre des effets dépendans de la succession de feu. . . . (*le nom de l'auteur de la succession*) qui doivent être vendus le . . . . (*indiquer le jour ou les jours*), et ce, afin de faciliter ladite vente, de préparer à l'avance les différens lots, et de tirer le meilleur parti possible du tout; et ils ont signé.

(*Les Signatures des Requérans.*)

Auquel réquisitoire obtempérant, nous, Commissaire-priseur susdit et soussigné, avons, à l'aide de notre clerc, de notre crieur, et d'hommes de peine que nous avons appelés pour les déplacement et transport des effets, procédé à l'arrangement et mise en ordre de vente de ces mêmes effets, sur lesquels nous avons appliqué des numéros correspondans à ceux de l'inventaire.

Cet arrangement a eu lieu au fur et à mesure de la représentation qui nous a été faite par...., gardien des effets établi par l'inventaire, et pour ce présent.

Il a été vaqué à ladite opération depuis *telle* heure jusqu'à celle de.... par-simple *ou* par double vacation.

Ce fait, celle pour la continuation dudit arrangement a été remise à....

*Ou bien ,* si ladite opération a été terminé, on doit dire :

Ce fait, et tout se trouvant préparé, la vacation *pour commencer la vente,* a été indiquée à *tel* jour *ou* sera indiquée par des affiches; et nous avons,

202 *Modèles des Actes, États,*

avec lesdits sieurs requérans, signé le présent.

*(Les Signatures des Requérans et du Commissaire - priseur ou autre Officier-vendeur.*

---

MODÈLE DE PROCÈS-VERBAL D'APPOSI-
TION ET PLACARDAGE DES AFFICHES
ANNONÇANT LA VENTE.

( Quoique cet acte soit du ministère des Huissiers, à qui d'ailleurs cet
ouvrage est aussi destiné, nous avons
cru convenable d'en donner ici la
orme. )

71. L'an mil . . . . le . . ., *telle* heure
du matin *ou* de relevée, à la requête
du sieur. . . . ( *les nom, profession
ou qualité et demeure d'une des parties requérantes , n'étant pas stricte-
ment nécessaire de les énoncer toutes:
le mieux cependant est de les énon-*

*cer*), en vertu de l'ordonnance de *tel jour*, de M. le président du tribunal de première instance séant à.... (*s'il a été rendu une ordonnance*) nous, (*nom, et immatricule*) Huissier.... demeurant..... nous sommes, accompagnés du sieur..., afficheur, transportés dans tous les lieux et endroits ci-après désignés, où nous avons, par ledit sieur...., afficheur, fait mettre et apposer des affiches indicatives d'une vente qui doit se faire après décès de..... (*le nom du défunt*) en une maison sise rue.... le *tel* jour; — Desquelles affiches un exemplaire imprimé et timbré est joint au présent procès-verbal.

Ces affiches ont été mises, savoir :

Quatre autour du Palais de justice;

Deux à la porte de la Mairie de *tel* arrondissement;

Quatre sur la place du ci-devant ɪ: Châtelet ;

Quatre sur la place de l'Église Métropolitaine ;

Quatre à la Halle ;

Quatre à l'ancien marché et emplacement du Temple ;

Quatre à la porte de la maison où doit se faire la vente ;

Et le surplus, composant *tel* nombre d'exemplaires, a été apposé et placardé au coin des rues où se placent ordinairement les affiches, ainsi qu'aux différens rendez - vous des marchands particulièrement habitués à fréquenter les ventes.

A laquelle opération nous avons vaqué depuis la susdite heure de .... jusqu'à celle de ....

De tout ce que dessus, nous avons fait et dressé le présent procès-verbal, pour servir et valoir ce que de raison; et a ledit sieur..., afficheur, signé avec nous.

( *Les Signatures de l'Afficheur et de l'Huissier.* )

*Nota.* Ce procès-verbal doit être enregistré comme les autres actes des Huissiers.

———

## MODÈLE D'UN PROCÈS-VERBAL DE VENTE VOLONTAIRE OU D'EFFETS INUTILES.

72. L'an mil...le..., à *telle* heure du matin, *ou* de l'après-midi, à la requête de.... ( *les nom , qualité et demeure du requérant* ) il va être par nous,( *les nom et immarticule* ) Commissaire-priseur *ou* tel autre Officier-vendeur, demeurant.... assistés des témoins ci-après nommés, avec nous soussignés , procédé à la vente, au plus offrant et dernier enchérisseur, de meubles et effets dont mondit

sieur .... ( *le nom du requérant* ) désire de se défaire comme lui étant inutiles, qui se trouvent en ce moment
dans les lieux qu'il occupe en une
maison sise à .... rue .... *ou bien*,
qui ont été transportés de son domicile en une salle de vente rue ....
et ce, au fur et à mesure de la représentation qui nous en sera faite par
ledit sieur ..... et dès qu'il se trouvera un nombre suffisant d'enchérisseurs; — étant observé que la vente
dont il s'agit a été annoncée au public, tant par la voie du journal judiciaire que par des affiches apposées
dans Paris (*ou* dans *telle* ville *ou telle*
commune) au nombre de *tant* d'exemplaires; desquelles affiches un exemplaire est demeuré ci-annexé, et un
autre a été mis sur un tapis à la porte
d'entrée de la maison où se va faire
la vente;

Le tout sera fait en présence du

sieur.... et du sieur ... (*leurs noms, qualités et demeures*) témoins par nous requis, et a M.... signé avec lesdits témoins et nous.

( *Les Signatures.* )

Et s'étant réuni nombre suffisant d'enchérisseurs, nous avons exposé, mis en vente et adjugé aux plus offrans :

1.º Un gril, une poële à frire, etc., faisant partie de l'état, criés à 2 fr. adjugés pour 4 francs à ... (*le nom*) demeurant à ... Ci. . . . . . . . . 4 fr.

2º. Des chenets, pincettes, pelle de fer, etc., faisant partie de l'état, criés à 2 fr., adjugés pour 3 fr. à ..., demeurant ... Ci. . . . . . . . . . . . . . . . 3

3º.... 4º..... etc.

*Clôture de la vacation.*

Il a été vaqué à ce que dessus depuis la susdite heure de . . . jusqu'à celle de ..., par double *ou* par simple vacation.

Ce fait, nous avons annoncé la séance terminée, et que la continuation aurait lieu ce soir, *ou* demain, *ou* tel jour, à *telle* heure; nous avons de suite fait retirer le tapis et l'affiche y placés; et a mondit sieur . . . (*le requérant*) signé avec nous et les témoins.

(*Les Signatures.*)

### *Ouverture d'une seconde séance.*

Et le . . . dudit an mil . . . à *telle* heure, à la requête de M. . . ., dénommé, qualifié et domicilié en l'intitulé des autres parts,

Il a été par nous . . ., Commissaire-priseur, *ou* autre Officier-vendeur, demeurant . . . ., assisté des mêmes témoins (*ou bien* d'autres que l'on

homme ), procédé à la continuation
de la vente commencée par le procès-
verbal des autres parts, dans le même
local, après avoir fait remettre le
tapis et l'affiche, et qu'il s'est trouvé
suffisamment d'enchérisseurs; le tout
ainsi qu'il suit :

1°. Six chemises, criées à 20 fr.,
adjugées pour 24 fr. à ..., demeurant ... Ci. . . . . . . . . . . . 24 fr.

2°. (*De même.*)

3°. (*De même.*)

*Clôture de la dernière vacation.*

Il a été vaqué à ce que dessus jusqu'à *telle* heure, par double ou par
simple vacation.

Ce fait, et M. . . . n'ayant plus rien
à nous représenter pour être vendu,
nous avons annoncé que la vente était
terminée; avons fait retirer le tapis
et l'affiche, et clos le présent procès-

210 *Modèles des Actes, Etats,*
verbal, que M.... a signé avec nous
et les témoins.

(Les Signatures.)

*Nota.* Si la vente a été faite en plusieurs séances, il faut faire la récapitulation du produit comme il suit :

**Récapitulation du Produit de la Vente.**

Première séance, douze cents francs, ci. . . . . . . . . . . 1,200 fr.
   Seconde séance, six cents francs, ci. . . . . . . . . . . 600
   Troisième séance, trois mille francs, ci. . . . . . . 3,000

Total. . . 4,800

Ce procès-verbal de vente doit être enregistré le cinquième jour au plus tard, après chaque vacation, aux termes de l'art. 20 de la loi du 22 frimaire an 7, sur l'enregistrement.

## MODÈLE D'UN PROCÈS-VERBAL DE VENTE APRÈS DÉCÈS.

73. L'an mil. . . le. . ., à *telle* heure, en vertu de l'ordonnance de M. le président du tribunal civil de première instance du département de. . . en date du. . ., étant au bas de la requête à lui présentée, le tout enregistré à . . . par . . ., qui a reçu. . ., le. . ., dont l'original est demeuré ci-annexé,

A la requête . . . . ( *Les noms ; qualités et demeures, tels qu'ils sont établis dans l'inventaire )*,

Il va être par nous ( *nom et immatricule du Commissaire-priseur ou de tel autre Officier-vendeur )*, en présence des témoins ci-après nommés et soussignés, procédé à la vente au plus offrant et dernier enchérisseur, en la manière accoutumée, des

meubles et effets délaissés par. . . .
(*le nom du défunt*), décédé à. . .,
le. . ., étant dans les lieux qu'il occupait en une maison, sise rue. . . ;
lesdits meubles et effets contenus et
détaillés en l'inventaire fait après le
décès dudit. . ., par. . . notaire,
à. . . le . . . enregistré par. . . . .
le. . . ;

Cette vente aura lieu au fur et à
mesure de la représentation qui sera
faite par. . ., gardien desdits meubles
et effets, nommé par la clôture de l'inventaire, et ce, dès qu'il se trouvera
nombre suffisant d'enchérisseurs ;

Etant observé et déclaré que, pour
les attirer, la vente dont il s'agit a été
annoncée par le journal judiciaire,
(une, deux *ou* trois fois) suivant le
certificat délivré par le directeur du
journal; qu'elle l'a été encore par des
affiches imprimées et timbrées, au
nombre de un, deux *ou* trois cents,

apposées dans Paris aux endroits accoutumés, ainsi que cela est constaté par le procès-verbal (1) dressé par..., huissier, à... le..., enregistré à Paris, le ... par ... qui a reçu. ..L'original dudit procès-verbal, ainsi qu'un exemplaire de cette même affiche, et le certificat du directeur du journal, sont demeurés annexés au présent, pour y avoir recours au besoin. — Un autre exemplaire de cette affiche a été mis sur un tapis à la porte d'entrée de la maison.

Ce que dessus s'est fait, et ce qui va suivre se fera en présence de ... et de ... témoins requis pour satisfaire à la loi, et ont les parties signé avec nous et les témoins, après lecture faite.

*( Les Signatures.)*

*Nota.* Lorsque, par les procès-

(1) Voyez ci-dessus le Procès-verbal d'apposition d'affiches annonçant la vente.

verbaux de scellés ou d'inventaire, les parties ont fait quelques réserves les unes contre les autres, on peut les réitérer dans le procès-verbal de vente; néanmoins, leur omission ne nous paraît devoir leur porter aucun préjudice.

Dès qu'il se trouve un nombre suffisant d'enchérisseurs, ce qui dépend du plus ou du moins d'importance de la vente, et doit être laissé au jugement de l'Officier-vendeur, *on continue le procès-verbal* ainsi qu'il suit :

Et s'étant trouvé quantité suffisante d'enchérisseurs, nous avons exposé, mis en vente, et adjugé au plus offrant :

1°. (*Désigner les objets*) faisant partie, *ou* le contenu de l'article (*l'énoncer*) de l'inventaire ci-devant daté et mentionné, crié à... et ad-

jugé pour la somme de ... à ... *telle*
personne, demeurant à ... rue ...
n°.... Ci. . . . . . . . . . . . »

*Et ainsi de suite.*

A la fin de cette séance, *on clot*
de cette manière:

Il a été vaqué à ce que dessus depuis ladite heure de ... jusqu'à celle
de ..., par double *ou* par simple vacation.

Ce fait, la vacation pour la continuation de cette vente a été remise à
*telle* heure.

Les objets non vendus continuent
de rester à la garde dudit ...; et ont
les parties signé avec nous et les témoins.

(*Les Signatures.*)

*Ouverture de la seconde séance.*

Et le ... dudit an ... à *telle* heure,
en vertu de l'ordonnance sur référé

datée en l'intitulé des autres parts, à la requête et en présence des personnes y dénommées, il a été par nous, Commissaire-priseur, *ou* autre Officier-vendeur, aussi susnommé et soussigné, et en présence des mêmes témoins ( *ou* d'autres que l'on dénomme), procédé à la continuation de la vente après décès de M.... (*le nom du défunt*), dans les mêmes lieux;

Et, au moyen de ce qu'il s'est trouvé suffisamment d'enchérisseurs attirés par les affiches et le tapis que nous avons fait remettre à la porte d'entrée de la maison, et le tout ainsi et de la manière qu'il suit,

Nous avons exposé et mis en vente,

2°.... (*Désigner les objets, etc., comme à la première vacation.*)

*Nota.* Si ces objets, *ou bien*, dans le cours de la séance, des objets exposés en vente n'avaient pas atteint la valeur que l'on croyait devoir en obtenir, ou le montant de la prisée, on s'exprimerait ainsi :

Lesdits objets, criés à *tel* prix, ont été retirés faute d'enchère suffisante, et sont portés pour mémoire, ci.. . . . . . . . . . . . . *mémoire.*

3°. Une commode en acajou, à dessus de marbre blanc, etc., faisant partie de *tel* article de l'inventaire, criée à 5o fr., et portée par diverses enchères seulement à 100 fr.; mais retirée, attendu que cette somme est inférieure à la prisée ; pourquoi
. . . . . . . . . . . . . . . . . .*mémoire.*

## Clôture de la Vente.

Il a été vaqué à ce que dessus depuis la susdite heure de. . . jusqu'à celle de. . ., par double *ou* par simple vacation.

Ce fait, et ne se trouvant plus rien à vendre du contenu en l'inventaire, nous avons annoncé au public que la vente était terminée, et avons fait retirer le tapis et l'affiche; et ont les parties signé avec nous et les témoins.          (*Les Signatures*).

## Observations.

74. Quelquefois on fait reconnaître par les parties, dans cette clôture, que l'Officier-vendeur a fait différens paiemens, par exemple, à des hommes de peine, à des gardiens pour menues dépenses, des déboursés de voitures, des dépenses de bouche faites pour les parties et officiers pendant le cours des opérations. Ces reconnaissances constatent les dépenses, et en assurent la répétition à celui qui les a faites.

Souvent les parties n'ont pas fait

vendre la totalité des effets inventoriés ; elles en ont gardé une portion,
soit que la loi les y autorise, comme
les maris et femmes survivans, les tuteurs qui conservent ce qui est à la
convenance de leurs pupilles ; soit
qu'étant majeures, elles se proposent
de partager en nature :

Dans tous les cas, on peut RÉDIGER
LA CLÔTURE dans la FORME qui suit :

Il a été vaqué. . . etc. — Ce fait,
et les parties n'ayant point désiré de
faire vendre le surplus des effets inventoriés, dont elles se réservent de
disposer d'une autre manière, *ou*
qu'elles se réservent de partager en
nature, *ou* que le survivant entend
garder sur le pied de la prisée, *ou*
enfin que le tuteur se propose de conserver pour l'usage de son *ou* de ses
mineurs, nous Commissaire-priseur
*ou* autre Officier-vendeur, avons annoncé au public que la vente était

terminée quant à présent. — Nous
avons fait retirer le tapis et l'affiche;
— Mais, afin de constater ce qui reste
des objets inventoriés, les parties
nous ont requis de procéder, dans le
plus bref délai, aux jour et heure que
nous indiquerons, et même sans avoir
besoin de les y appeler, à un récollement sur l'inventaire, et par comparaison avec notre procès-verbal de
vente, afin d'opérer d'autant la décharge du gardien, comme aussi afin
de constater la nature et la valeur des
effets non vendus restant sous la surveillance du gardien ci-dessus nommé;
et ont les parties signé avec nous
et les témoins,

(Les Signatures.)

Il arrive quelquefois que les effets
que l'on ne veut pas vendre, font partie d'un article de l'inventaire, dont
une portion a été vendue, dans ce

cas, on ne peut plus connaître la valeur des effets non vendus qu'en en faisant une nouvelle prisée.

Nous indiquons la formule de cette prisée dans le *modèle du procès-verbal de récollement* donné ci-après.

On peut annoncer de suite l'opération à faire, par la clôture de la vente, dans les termes qui suivent :

Les parties n'ayant point désiré, quant à présent, de faire vendre le restant des effets inventoriés que le survivant se réserve de garder en nature, sur la prisée de l'inventaire, les parties nous ont requis de procéder à un récollement, et même à une nouvelle prisée pour ceux desdits effets qui se trouveraient faire partie d'un des articles de l'inventaire, dont l'autre partie aurait été vendue par le procès-verbal de vente ; laquelle opération aura lieu aux jour et heure qui seront convenus avec les parties ;

et elles ont signé avec nous et les témoins, après lecture à elles faite.

(*Les Signatures*).

Les ventes, en plusieurs séances,
doivent être suivies d'une *récapitulation* qui se fait ainsi :

### *Récapitulation.*

Les objets vendus dans la première
séance montent à. . . ci. . . . . . . »
Ceux vendus dans la seconde,
à. . . ci. . . . . . . . . . . . . . »
Ceux vendus dans la troisième,
à. . . ci. . . . . . , . . . . , . . . »

Total . . . »

C'est après cette récapitulation que
l'on doit enregistrer au procès-verbal les oppositions à la remise des
deniers de la vente, s'il en existe.

MODÈLE DE LA MENTION DES OPPOSI-
TIONS SUBSISTANTES AUX DENIERS
DE LA VENTE.

75. Suivant extrait des opposans délivré par M..... Greffier de la justice de paix du.... arrondissement de Paris, annexé à la minute du procès-verbal de vente, en l'intitulé des autres parts, il subsistait aux scellés des oppositions dont voici le détail :

1.º Opposition à la requête de .... demeurant à ...domicile élu chez... pour une somme de.... causée ... ci....

2.º Autre opposition , etc....

S'il en est survenu directement dans les mains du Commissaire-priseur *ou* autre Officier-vendeur, il dit :

3.º Il m'a été signifié, le..., une

opposition à la requête de ... demeurant à ... domicile élu chez ..., par le ministère de ... Huissier, à .., causée pour ....

MODÈLE D'UN PROCÈS-VERBAL DE<br>VENTE FORCÉE.

( C'est ordinairement l'Huissier qui a exercé les poursuites qui procède à la vente ; mais, à Paris, où les Commissaires-priseurs ont seuls le droit de vendre, c'est l'Huissier poursuivant qui requiert la vente. — On supposera donc que c'est l'Huissier saisissant qui figure au procès-verbal. )

76. L'an mil... le..., à *telle* heure, est comparu par-devant nous ....., Commissaire-priseur à Paris, M..... ( *les nom, prénoms et demeure de l'Huissier*) agissant au nom et comme ayant charge et pouvoir, ainsi qu'il le déclare, de .... ( *le nom et la de-*

*meure du créancier qui a fait saisir et exécuter* ), et pour lui porteur de pièces ,

Lequel a dit que , par jugement rendu contradictoirement au tribunal civil du département de la Seine , troisième chambre , le ..... collationné , signé, enregistré et signifié, dûment en forme , le sieur . . . ( *le débiteur*) a été condamné à payer au sieur . . . ( *le créancier* ) la somme de 4000 fr. de principal , pour les causes exprimées audit jugement, avec les intérêts à compter du . . . ( *jour de la demande* ) et aux frais et dépens, taxés et liquidés à *telle* somme ; duquel jugement il n'a point été appelé , ainsi que le constate le certificat de M<sup>e</sup>. .., Avoué, en date du . . . ;

Que , par exploit de . . , Huissier à Paris , du . . . enregistré le . . , il a été fait commandement au sieur ...

( *le débiteur* ), de payer au sieur...
( *le créancier* ) ladite somme de
4000 fr. de capital, le montant des
frais liquidés, sans préjudice des intérêts et d'autres frais, dus, droits et
actions ; auquel commandement de
payer ledit sieur . . . n'a point satisfait ; pour quoi, et par procès-verbal dressé par ledit . . . Huissier,
en présence de témoins le ..., enregistré le ..., il a été procédé à la
saisie-exécution des meubles et effets
dudit sieur . . . étant dans les lieux
qu'il occupe en une maison sise à Paris, rue . . , desquels effets saisis le
sieur . . . a été établi gardien judiciaire, par le procès-verbal, qui contient en outre signification au débiteur que la vente de ses effets aura
lieu dans la huitaine ;

Que par exploit de . . . . Huissier, en date du ... enregistré le ...
il a été fait, à la requête du créancier,
itératif, commandement au débiteur

de payer la somme de 4000 fr. de principal, ainsi que les dépens liquidés et les intérêts depuis le jour de la demande, sans préjudice d'autres dus, droits et actions, ce qu'il a refusé de faire ; pour quoi il lui a été signifié que la vente des effets sur lui saisis et exécutés aurait lieu cejourd'hui, heure de midi, sur la place du ci-devant Châtelet de cette ville ; — et que, par le même exploit, il a été fait sommation au gardien de se trouver ledit jour à son poste pour faire la représentation des effets ;

Que, pour faire connaître ladite vente au public, et lui donner la publicité nécessaire, elle a été annoncée au Journal Judiciaire, ainsi que cela est prouvé et constaté par le certificat délivré par M. . . . directeur dudit journal, et encore par des affiches imprimées et timbrées, placardées au nombre de un *ou* deux cents, dans les lieux ordinaires, ainsi que cela est également constaté par un procès-verbal dressé par ledit . . . Huissier, accompagné du sieur . . . afficheur, le . . ., enregistré à Paris, le . . .; l'original duquel procès-verbal d'affiches, ainsi qu'un exemplaire de l'affiche et le certificat du directeur du journal, sont demeurés ci-annexés pour y avoir recours;

Que, par procès-verbal dudit. . . Huissier, en date de cejourd'hui matin, ouvert et non clos, il a été procédé par ledit huissier au récollement des effets saisis, qu'il a fait *ou* fera transporter sur la place du ci-devant Châtelet, où ledit sieur . . . Huissier, nous requiert de nous rendre avec lui, à l'effet de procéder à la vente desdits effets saisis, et il a signé.

( *La Signature de l'Huissier requérant.* )

Auquel réquisitoire obtempérant, nous..., Commissaire-priseur susdit et soussigné, nous sommes transportés avec les témoins ci-après nommés, et aussi soussignés, sur ladite place du ci-devant Châtelet, où étant arrivés sur l'heure de midi, est comparu de nouveau le sieur ... Huissier, chargé de pouvoir et porteur de pièces pour le sieur ... (*le créancier*), lequel nous a requis de procéder présentement à la vente des meubles et effets saisis, exécutés et récollés sur le sieur ... (*le débiteur*), et qui sont en ce moment sur ladite place du ci-devant Châtelet, requérant défaut contre le sieur ... (*le débiteur*), dans le cas où il ne comparaîtrait pas, ni personne pour lui, et offrant de nous faire la représentation des effets dont il s'est chargé au lieu et place du gardien, par le procès-verbal de récollement susdaté; et il

a signé, sous la réserve de dire et requérir ce qu'il appartiendra, sous la
réserve également de tous les droits
et actions de son commettant.

( *La Signature du même.* )

Et, attendu qu'il est une heure après
midi (*il faut attendre au moins une
heure pour donner le défaut*), que
le sieur … débiteur, n'est point comparu, ni personne fondé de pouvoir
pour lui, nous avons au sieur …, ce
requérant, donné défaut, et, pour le
profit, disons que nous allons procéder à la vente dont il s'agit, et nous
avons signé.

( *La Signature du Commissaire-
priseur, à Paris; et ailleurs, du
Notaire, Greffier ou Huissier-ven-
deur.* )

( *Ici, on copie la* DÉCLARATION *qui
a dû être faite au bureau de l'enre-*

gistrement, dans l'intervalle du réquisitoire au transport sur la place.)

« Extrait du registre des déclara-
» tions de ventes faites au bureau de
» l'enregistrement du . . . arrondis-
» sement de Paris.

### Du . . .

» Est comparu en ce bureau M..,
» Commissaire-priseur à Paris, de-
» meurant . . . , lequel a déclaré
» que, cejourd'hui à midi, il procé-
» dera sur la place du ci-devant Châ-
» telet de Paris, à la vente au plus
» offrant et dernier enchérisseur, en-
» la manière accoutumée, des meu-
» bles et effets saisis sur le sieur . . . .
» et il a signé : ainsi *signé* . . . . Au-
» dessous est écrit : pour copie con-
« forme, le Receveur de l'enregistre-
» ment, signé . . . »

Et ledit jour . . . an mil . . , une

*ou* deux heures après midi, en conséquence du réquisitoire à nous fait
à la requête du sieur ... ( *le créancier* ), représenté par ledit sieur ...
Huissier, chargé de son pouvoir,
ainsi qu'il le déclare, et pour lui porteur de pièces, et en vertu des jugemens et contraintes ci-devant énoncés et datés, il va être, par nous Commissaire-priseur susdit et soussigné,
assisté de ... et de ... témoins
par nous requis et avec nous soussignés, procédé à la vente des meubles et effets saisis et exécutés sur le
sieur ... se trouvant en ce moment
sur la place du ci-devant Châtelet,
dans et autour de la baraque que nous
avons fait dresser sur ladite place,
laquelle vente a été par nous déclarée
au bureau de l'enregistrement, suivant
le certificat ci-dessus transcrit, dont
l'original est en outre demeuré ci-
annexé, et a encore été par nous dé-

clarée à la chambre des Commis-
saire-priseurs sur le registre qui y
est tenu à cet effet ; laquelle vente
enfin aura lieu au fur et à mesure de
la représentation qui nous sera faite
des meubles et effets par le sieur...,
Huissier ; et au moyen de ce qu'il se
trouve sur ladite place et autour de
l'enceinte que nous y avons formée,
un nombre suffisant d'enchérisseurs,
le tout ainsi et de la manière qui suit :

Nous avons exposé et mis en vente,

1.º Une bassinoire de cuivre rouge
faisant partie des effets saisis et compris au procès-verbal dudit jour, criée
à 5 fr. et adjugée pour sept francs au
sieur ... chaudronnier, demeurant
rue .... nº ... ci ...... 7 fr.

2º Une fontaine de cuivre, etc...

( *Il est essentiel dans toutes les
ventes, mais surtout dans celles for-*

*cées, d'indiquer les noms et de-
meures des adjudicataires, lors
même qu'ils ont payé leurs adjudications. — Cela est prescrit par l'art.
623 du Code de Procédure civile,
rapporté à notre nombre 32.)*

Il a été vaqué à ce que dessus depuis la susdite heure de . . . jusqu'à
celle de . . ., par double *ou* par
simple vacation.

Ce fait, et le sieur. . ., Huissier,
nous ayant déclaré n'avoir plus rien
à nous représenter du contenu au
procès-verbal de saisie et de récollement, nous avons annoncé la vente
finie, et clos notre présent procès-
verbal, après, toutefois, avoir reconnu que tout le contenu au procès-
verbal de récollement se trouve
vendu, et que le sieur . . . en doit
être bien et valablement déchargé;
et a ledit sieur. . . . . . *(le requé-*

*rant*) signé avec nous et les té-moins.

(*Les Signatures.*)

*Nota.* Il est indispensablement nécessaire, avant de procéder à la vente, de faire un relevé des effets sur les procès-verbaux de saisie ou de récollement, afin de s'assurer si tout a été représenté et vendu, et aussi afin de ne point vendre des effets qui n'auraient point été saisis.

On a vu aux articles 581, 592 et 593 du Code de Procédure civile, rapportés à notre nombre 39, quels sont les effets déclarés insaisissables. L'Officier doit faire la plus grande attention à ne pas les vendre, afin de ne pas se compromettre, et de ne pas faire annuller la vente.

*Observation.* On a supposé les poursuites les plus ordinaires ; mais, s'il y avait eu d'autres contestations entre le créancier et son débiteur ; qu'il eût été rendu plusieurs jugemens, que les causes de la créance ou des créances fussent d'une autre nature, il faudrait faire à l'intitulé les changemens convenables. On conçoit qu'il n'est pas possible que nous prévoyons tous les cas.

Il faudrait aussi faire les changemens convenables, dans le cas où la vente, au lieu de se faire sur la place publique, se ferait dans les lieux où a été exercée la saisie. On rappellerait le jugement qui aurait autorisé cette vente dans les lieux.

Le même jugement commet un Huissier-audiencier pour représenter le débiteur, s'il fait défaut. Il est nécessaire alors d'appeler cet Huissier-audiencier, et de le faire comparaître au procès-verbal. — Sa Comparution peut s'établir ainsi qu'il suit, après le défaut donné :

Est comparu M^e ..., Huissier-audiencier au tribunal civil de première instance du département de la Seine, demeurant à Paris ...., commis par jugement du ... pour représenter le sieur ... (*le débiteur*) non-comparant et défaillant,

Lequel a dit qu'il ne peut empêcher et n'empêche qu'il soit procédé en sa présence à la vente requise, sous toutes les réserves de droit qu'il fait pour celui qu'il représente ; et a signé.

( *La Signature de l'Huissier-audiencier.* )

Et, au second intitulé qui commence par ces mots : Et ledit jour ... en conséquence, etc. ..... Après ceux-ci : « En vertu des jugemens » et contraintes ci-devant énoncés et » datés, » on doit ajouter : « Et, en » la présence de M^e ..., Huissier-

» audiencier requis pour le défaut
» de comparution du sieur - . . . .
» ( *le débiteur* ), il va être par
» nous, etc. . . . . »

———

MODÈLE D'UN PROCÈS-VERBAL DE
VENTE SUR SÉPARATION DE BIENS
ENTRE UN MARI ET UNE FEMME,
A LA REQUÊTE DE CETTE DERNIÈRE.

(La femme qui s'est fait séparer,
et a obtenu des condamnations contre son mari, fait saisir-exécuter
et vendre ses meubles, comme le
ferait un autre créancier : les mêmes
formalités s'observent; la différence
ne se trouve que dans l'énonciation
de la procédure.

Voici la forme du procès-verbal
que l'on peut suivre en ce cas).

77. L'an mil...le . . , est com-

paru devant nous ( *les nom, pré-*
*noms , qualité et demeure de l'Of-*
*ficier - vendeur* ) M. . . . ( *l'Huis-*
*sier qui a saisi* ), au nom et comme
ayant charge et pouvoir de dame. . .,
épouse du sieur . . . . ( *les noms*
*prénoms , profession ou qualité et*
*demeure des époux* ) , d'avec lui séparée quant aux biens par jugement
rendu contradictoirement au tribunal
de première instance de. . ., séant
à . . , le . . , dûment signé, enregistré, signifié et en forme exécutoire , publié et affiché au même tribunal (1) ( *et même au tribunal de*
*commerce, si le mari est négociant*
*ou l'a été* ) ;

Lequel a dit que, par le jugement
susdaté, la dame . . . a été séparée
de biens d'avec son mari, et autori-

____

(1) Voyez les art. 865 à 881 du Code de
procédure civile.

sée à jouir à part et divisément de ces biens; que celui-ci a été condamné à lui rendre et restituer la somme de . . . pour le montant de sa dot et de ses reprises matrimoniales, avec intérêts , frais et dépens;

Que, par exploit du sieur . . . , Huissier, en date du . . , enregistré le . . , par . . , il a été fait commandement audit sieur . . ., à la requête de son épouse, de payer le montant des condamnations prononcées par ledit jugement; ce qu'il a refusé de faire : pour quoi . . . etc.

( Pour tout le reste, on peut suivre le modèle de vente forcée qu'on vient de lire, les poursuites et procédures ayant été les mêmes , soit que la vente se fasse sur la place , soit qu'elle se fasse sur les lieux. Dans ce dernier cas, il faut que le mari, *ou* quelqu'un chargé de son pouvoir, signe au procès-verbal, ou bien qu'il soit représenté par un Officier nommé par le Juge. )

Assez ordinairement, la femme se rend adjudicataire de tout ou de partie du mobilier qui lui est donné pour comptant, lors de la reddition du compte.

S'il y a des oppositions au jugement de séparation, à la saisie, ou s'il en est survenu dans les mains de l'Officier, celui-ci ne peut pas se dessaisir du produit de la vente, ni allouer à la femme les adjudications qu'il a faites; il faut se reporter, à cet égard, à ce qui se pratique dans les autres cas où le produit des ventes se trouve frappé d'oppositions.

MODÈLE DE PROCÈS-VERBAL DE RÉCOLLEMENT APRÈS LA VENTE.

(Les procès-verbaux de récollement (1) se mettent ordinairement à la suite de ceux des ventes, quoique le récollement doive précéder la vente. )

L'an mil . . . le . . ., *ou bien* et le . . . dudit an mil . . ., en conséquence de ce qui a été dit par la clôture du procès-verbal des autres parts, et de l'autorisation à nous donnée par les parties de procéder en notre demeure, et même en leur absence, au récollement nécessaire pour s'assurer si tous les meubles qui étaient à vendre l'ont été effectivement, nous . . . Commissaire-priseur ( *ou* autre Officier-vendeur ),

(1) Le Récollement, avons-nous dit ci-dessus, se fait par confrontation des inventaires avec les procès-verbaux de vente, afin de s'assurer que tout a été vendu, et opérer la décharge du gardien, ou pour constater ce qui est resté en nature des effets inventoriés.

susdit et soussigné, avons procédé audit récollement ainsi qu'il suit :

1º Tout le contenu en l'art. 1ᵉʳ de l'inventaire a été vendu, ainsi qu'il est constaté par les articles 4, 7 et 9 du procès-verbal de vente.

2º Il en est de même du contenu en l'art. 2 de l'inventaire, qui a été vendu par les art. 20 et 25 dudit procès-verbal de vente.

3º Du contenu en l'article 3 de l'inventaire, il reste plusieurs objets, savoir... Le surplus a été vendu ainsi qu'il a été constaté par les articles 10 et 11 du procès-verbal.

(*Ainsi de suite.*)

*Après avoir épuisé de la sorte tous les articles de l'inventaire, si tout a été vendu, on fait la Clôture comme il suit :*

Il a été vaqué à ce que dessus depuis ladite heure de.... jusqu'à celle de . . . , par double *ou* par simple vacation.

Ce fait, et ne se trouvant plus rien à récoller, et tout le contenu en l'inventaire ayant été vendu, nous avons fait et dressé le présent procès-verbal, pour servir et valoir ce que de raison, et notamment de décharge pour le sieur . . . qui avait été gardien des effets compris audit inventaire ; et nous avons signé.

(La Signature.)

*Si tout n'a pas été vendu, on l'énonce dans la clôture, qui subit alors un changement tel qu'il suit :*

Il a été vaqué à ce que dessus . . .

Ce fait, ne se trouvant plus rien à récoller du contenu en l'inventaire, et les objets y énoncés ayant été vendus, à l'exception de ceux compris sous les articles *tels*, *tels* et *tels* du présent procès-verbal de récollement, lesdits objets non vendus sont restés en la possession du sieur . . . qui se trouve bien et valablement déchargé du surplus;

Et de tout ce que dessus nous avons fait et dressé le présent procès-verbal, que le sieur . . . a signé avec nous.

( *Les Signatures.* )

Il est inutile d'indiquer ici les changemens qu'il conviendrait de faire dans la rédaction, s'il y avait plusieurs parties au lieu d'une qui comparussent au procès-verbal.

Dans le cas où le PROCÈS–VERBAL DE RÉCOLLEMENT *devrait contenir une nouvelle estimation de quelques-uns des objets non vendus*, voici comme il conviendrait d'*opérer* :

Des Objets compris en *tel* article de l'inventaire, une partie a été vendue, ainsi qu'il est constaté par les

art. 3, 5, 7 du procès-verbal de
vente;

Mais il reste en nature

Un lit composé de. . ., que nous
avons prisé la somme de . . .; une
glace . . .

(*Et ainsi de suite pour tous les
autres objets non vendus.*)

A l'égard des articles non vendus,
mais qui se trouvent entiers, il suffit
de dire :

L'article 8 *ou* 9 de l'inventaire n'a
pas été vendu. Il était composé de
*tels* et *tels* objets qui ont été estimés,
par ledit inventaire, la somme de . . .
ci . . . . . . . . »

Additionnant tant les prix des objets estimés par l'inventaire et tirés
hors ligne, que ceux estimés de nouveau par le procès-verbal de récollement, on trouvera le montant total
des effets non vendus.

_______

MODÈLE DE L'EXTRAIT A FOURNIR A LA CAISSE D'AMORTISSEMENT, *lors du Dépôt qui s'y fait d'un Reliquat de Vente frappé d'oppositions, ou seulement de la Portion ou des Portions d'un ou de plusieurs des ayant droit, également frappées d'oppositions.*

79. Du procès-verbal de la vente des meubles après le décès de . . . . ou pour M. . . . faite par . . . , le . . . , enregistré le . . . , à la requête de . . . . a été extrait la *récapitulation* suivante :

#### *Récapitulation.*

La 1ère séance monte à . . . .

La 2.ᵉ à . . . . . . .

La 3.ᵉ à . . . . . . .

En sorte que la vente a produit en totalité la somme de . . . . . .

Sur laquelle il convient de déduire . . . . . . . . . . .

*( On donne ici le Mémoire détaillé de tous les frais de l'Officier-vendeur ;*

*On énonce toutes les Sommes qu'il a payées à la décharge de la succession, ou de celui pour lequel il a vendu. )*

Ainsi, il ne reste plus entre les mains du comptable que la somme de . . . . . . . . . .

Laquelle est grevée des oppositions ci-après subsistantes en ses mains, savoir :

La 1<sup>re</sup>, à la requête de . . ., demeurant à. . ., domicile élu chez. . ., par exploit de . . ., Huissier à . . . en date du. . ., causée pour la somme de . . .

La 2<sup>e</sup>. etc.

Extrait par nous Commissaire-priseur *ou* autre Officier-vendeur , de la minute du procès-verbal susdaté , à la suite duquel est transcrit l'aperçu de compte ci-après , et sont enregistrées les oppositions, dont on a donné les extraits , le tout demeuré en notre possession. A . . .
le . . . .

( *La Signature.* )

Quand le compte a été rendu aux parties , on le transcrit à la suite de la récapitulation; on en certifie et atteste la copie véritable.

Voyez l'observation à la suite du modèle de compte de vente.

---

MODÈLE D'UN COMPTE DE VENTE.

(*On le met à la suite du procès-verbal de vente*).

80. Et le. . . dudit an mil. . . ,

sont comparus devant nous, Commissaire-priseur, à Paris, *ou autre Officier-vendeur, soussigné, (les personnes à la requête desquelles la vente a été faite, ou leurs fondés de procuration spéciale)* lesquels nous ont requis de leur rendre compte de la vente faite par le procès-verbal des autres parts. Nous avons procédé à ce compte comme et ainsi qu'il suit :

### Recette.

Est fait recette de la somme de 3000 fr., montant de la vente, suivant la récapitulation étant en suite du procès-verbal, ci. . . . . 3000 fr.

### Dépense.

Est fait dépense des sommes ci-après, que le comptable retient par ses mains, pour ses honoraires, vacations, déboursés, et à cause des paiemens qu'il a faits à la décharge de la succession, savoir :

|  | fr. | c. |
|---|---|---|
| 1° Pour une vacation de prisée, 6 fr., ci. . . . . . . . . . | 6 | |
| 2° Payé au sieur. . ., Ecrivain, la somme de 1 fr. pour un relevé de l'inventaire qu'il a fait chez le Notaire, pour tenir lieu de l'expédition qui n'a pu encore être remise, ledit relevé en un rôle d'écriture, ci. | 1 | |
| 3° Pour annonces aux journaux, payé. . . . . . . . . . . | 6 | |
| 4° Pour cent affiches.. . . . | 12 | |
| *Nota.* C'est, au surplus, ce que l'on a payé à l'imprimeur, qu'on énonce. | | |
| 5° Payé à l'afficheur, pour l'apposition des affiches. . . . | 3 | |
| 6° Pour les déclarations à la chambre et au bureau d'enregistrement, et papier.. . . . . | 3 | 3o |
| 7° Pour la requête et l'or- | | |
| | 31 | 3o |

*Report.* . . . . . 31 f. 3o c. .

donnance afin de vendre sans
attribution de qualité aux par-
ties, payé. . . . . . . . . . . . . . 5   3o

   8º Pour le procès — verbal
d'affiches, payé. . . . . . . . . 4   4o

   9º Payé à l'homme qui a ré-
pété les enchères, et a aidé à
la vente ( au crieur ), pour une
vacation simple (1) . . . . . . .   2

   10º Pour la composition de
l'affiche. . . . . . . . . . . . . .   1         ,

   11º Pour l'enregistrement,
payé.. . . . . . . . . . . . . . . 66

   12º Pour chaque feuille de
papier timbré employée à la minute et à l'expédition du procès-verbal.. . . . . . . . . . . .       8o

   13º Pour le droit de sept pour

——————————

11@ 8o

(1) Les Commissaires-priseurs , à Paris, se servant de clercs pour écrire dans les ventes, on ne
sait pas si cette dépense leur serait allouée. C'est
un article qui est laissé à la volonté des parties.

*Report.* . . . . . 110 f. 80 c.

cent accordé au Commissaire-priseur-vendeur, sur le pied de 3000 fr. (1). . . . . . . . . . . . 210

14° Pour l'extrait du procès-verbal délivré au gardien.. . . . 3  80

15° Pour le visa d'une opposition. . . . . . . . . . . . .  50

16° Pour la vacation employée à la Monnaie, pour faire recenser l'argenterie. . . . . . 6

17° Pour une vacation employée à payer les contributions du défunt.. . . . . . . . 6

18° Pour une vacation employé au Mont-de-Piété à dégager différens effets qui ont été compris dans la vente. . . . . 6

19° Pour l'extrait d'une opposition délivrée à . . . . . .  50

343   60

(1) Voyez notre nombre 5 pour la variation des droits.

Report. . . . 343 f. 60 c.

20° Pour un extrait à délivrer à la caisse d'amortissement, à l'appui du dépôt que le comptable y doit faire. . . . . . . . .  3  80

21° Pour la vacation du dépôt. . . . . . . . . . . . . .  6

22° Pour divers faux-frais, commissions, voitures et dépenses de bouche faites avec les héritiers, et reconnus par la clôture du procès-verbal, la somme de. . . . . . . . . . . . . . . . *mémoire.*

23° Pour la formation du présent compte des projets communiqués aux parties, vacations employées au recouvrement des bordereaux, aux paiemens faits à la décharge de la succession, etc. . . . . . . *mémoire.*

( *On ne peut rien statuer sur cet objet qui dépend de la volonté des parties, et qu'elles seules sont*

353  40

Report. . . . 353 f. 40 c.

*dans le cas d'arbitrer ; pourquoi il est porté pour mémoire).*

24° Pour l'enregistrement du présent compte. . . . . . . .     1    10

*Ou toute autre somme que le comptable justifie ou justifiera avoir payée.*

25° Suivent tous les paiemens faits par le comptable à la dé-charge de la succession, dont il convient d'énoncer les causes, en ajoutant, *suivant quittances ci-rapportées.* . . . . , . . . . *mémoire.*

Total des sommes énoncées. 354 f. 50 c.

*Balance.*

La vente monte à 3000 f. « c.

La dépense, à     354    50

Le reliquat est de. . . . . . . .  2645    50

ci. . . . . . . . . . . . . . . . 2645 f. 50 c.

Les parties, après avoir pris communication du compte ci-dessus, des pièces justificatives, de la dépense, et avoir examiné le tout, déclarent avoir ledit compte pour agréable, l'allouer en recette à 3000 fr., en dépense, à 354 fr. 50 c., et fixer le reliquat à 2,645 fr. 50 c.; laquelle dernière somme elles reconnaissent avoir reçue de nous; dont quittance, et de toutes choses au sujet de ladite vente; — reconnaissent de plus que nous leur avons remis entre les mains ( *ou* de celle des parties qui doit se charger des pièces) les quittances et pièces à l'appui de la dépense, au nombre de *trente*, et de nous cotées et paraphées ; dont décharge.

Fait et passé à. . . les jour et an que dessus, et ont les parties signé avec nous, après lecture.

*(Les Signatures).*

Nous avons dit ci-dessus, à notre nombre 51, que si les parties ou l'une d'elles ne savaient pas signer, il fallait appeler un confrère du rendant compte, ou deux témoins; si on en a appelé, il faut en faire mention dans le compte, et il faut que le confrère ou les témoins signent.

81. *Observation.* Avec ce compte, que l'on porte à la caisse d'amortissement, *ou* au receveur des consignations (1), on joint toutes les pièces à l'appui de la dépense, qui sont comptées et paraphées par le comptable, et de tout il lui est délivré quittance et décharge, par le caissier général, *ou* par le receveur des consignations. Le dépôt est aussi por é sur un registre que le déposant signe. Cette quittance est jointe à la minute

(1) Voyez ci-devant le modèle de l'*Extrait à fournir à la caisse d'amortissement.*

du procès-verbal, et fait la décharge du comptable; sauf toutefois un nouvel examen et discussion de son compte par tous les intéressés et opposans qui y ont pris part.

Quelquefois les intéressés poursuivent la contribution du reliquat; un jugement arrête ce reliquat, et des mandemens sont délivrés aux intéressés, qui vont toucher directement à la caisse, *ou bien* du receveur des consignations. — Voyez ci - dessus notre nombre 48.

D'autres fois les parties se réunissent; les opposans donnent mainlevée, et alors le comptable délivre les mandemens jusqu'à due concurrence à ceux qui ont droit de toucher. — Il faut néanmoins justifier à la caisse des arrangemens faits entre les intéressés, et des main-levées données par actes, ou obtenues par jugemens.

## MODÈLE DE L'EXTRAIT DES OPPOSANS AUX DENIERS DE LA VENTE.

82. Noms, surnoms, qualités ou professions, demeures et élections de domiciles de tous les opposans aux deniers de la vente faite après le décès de... *ou* faite pour M.... par... Commissaire-priseur *ou* autre Officier-vendeur, suivant son procès-verbal, en date, au commencement, du..., enregistré le...:

1°. Jean.... demeurant à...., rue..., domicile élu chez..., par exploit de..., Huissier à... du *tel* jour, pour la somme de... *ou* pour telle autre cause, qu'il faut énoncer comme elle l'est dans l'opposition.

2.° Pierre, etc.

Extrait par nous...., Commissaire-priseur *ou* autre Officier-vendeur, de l'extrait délivré par le Greffier du Juge de paix du ... *ou* des copies des oppositions formées entre

nos mains; le tout étant en notre possession. A ... ce ... (*La Signature.*)

~~~~~~~~~~~~~~~~~~~~~~~~~~~~~~~~~~~~~~~

# CHAPITRE III.

### *Des Tableaux Comparatifs et des Tarifs que les Officiers-vendeurs ont besoin de connaître.*

———

83. Ces tableaux et tarifs, composés exprès pour les Commissaires-pri-seurs-vendeurs, nous ont été communiqués par l'un d'eux, avec autorisation de les employer. Le même a bien voulu nous donner une grande partie des instructions et les modèles de tous les actes. On peut se fier à l'exactitude des tableaux comparatifs et des tarifs, et à celle des différens modèles.

Les tableaux comparatifs ont été faits pour faciliter l'application du calcul décimal.
~~~~~~~~~~~~~~~~~~~~~~~~~~~~~~~~~~~~~~~

# 84. TABLEAU
## DES MONNAIES.

| TOURNOIS. | | | FRANCS. | |
|---|---|---|---|---|
| Deniers. | Sous. | Livres. | Francs. | Centimes. |
| 3 | | | | 1 |
| 6 | | | | 3 |
| 12 ou | 1 | | | 5 |
| | 2 | | | 10 |
| | 4 | | | 20 |
| | 8 | | | 40 |
| | 10 | | | 49 |
| | 12 | | | 59 |
| | 15 | | | 74 |
| | 18 | | | 89 |
| | 19 | | | 94 |
| | 20 ou | 1 | | 99 |
| | | 2 | 1 | 98 |
| | | 3 | 2 | 96 |
| | | 4 | 3 | 95 |
| | | 5 | 4 | 94 |
| | | 6 | 5 | 93 |
| | | 7 | 6 | 91 |
| | | 8 | 7 | 90 |
| | | 9 | 8 | 89 |

| TOURN. | FRANCS. | | TOURN. | FRANCS. | |
| --- | --- | --- | --- | --- | --- |
| Livres. | Francs. | Centim. | Livres. | Francs. | Centim. |
| 10 | 9 | 88 | 80 | 79 | 1 |
| 11 | 10 | 86 | 81 | 80 | » |
| 12 | 11 | 85 | 84 | 82 | 96 |
| 15 | 14 | 81 | 85 | 83 | 95 |
| 18 | 17 | 78 | 90 | 88 | 89 |
| 20 | 19 | 75 | 95 | 93 | 83 |
| 21 | 20 | 74 | 96 | 94 | 81 |
| 24 | 23 | 70 | 99 | 97 | 78 |
| 25 | 24 | 69 | 100 | 98 | 77 |
| 27 | 26 | 67 | .102 | 100 | 75 |
| 30 | 29 | 63 | 198 | 195 | 56 |
| 35 | 34 | 57 | 200 | 197 | 53 |
| 36 | 35 | 56 | 201 | 198 | 52 |
| 40 | 39 | 51 | 204 | 201 | 48 |
| 42 | 41 | 48 | 300 | 296 | 30 |
| 45 | 44 | 44 | 400 | 395 | 6 |
| 48 | 47 | 41 | 402 | 397 | 4 |
| 50 | 49 | 38 | 498 | 491 | 85 |
| 54 | 53 | 33 | 500 | 493 | 83 |
| 55 | 54 | 32 | 501 | 494 | 82 |
| 60 | 59 | 26 | 504 | 497 | 78 |
| 65 | 64 | 20 | 600 | 592 | 59 |
| 66 | 65 | 19 | 700 | 691 | 36 |
| 70 | 69 | 14 | 702 | 693 | 34 |
| 72 | 71 | 11 | 798 | 788 | 15 |
| 75 | 74 | 7 | 800 | 790 | 12 |
| 78 | 77 | 4 | 801 | 791 | 11 |

| TOURN. | FRANCS. | | TOUNR. | FRANCS. | |
| --- | --- | --- | --- | --- | --- |
| Livres. | Francs. | Centim. | Livres. | Francs. | Centim. |
| 804 | 794 | 7 | 1,100 | 1,086 | 42 |
| 900 | 888 | 89 | 1,101 | 1,087 | 41 |
| 1,000 | 987 | 65 | 1,104 | 1,090 | 37 |
| 1,002 | 989 | 63 | 1,200 | 1,185 | 19 |
| 1,098 | 1,084 | 44 | | | |

# 85. TARIF

## DE LA VALEUR EN FRANCS

Des pièces de 3 liv., de 6 liv., du louis
et du double-louis.

———

### LOUIS.

|     | fr. | c. |     | fr. | c. |
|-----|-----|----|-----|-----|----|
| 1 . . | 23 | 55 | 14 . . | 329 | 70 |
| 2 . . | 47 | 10 | 15 . . | 353 | 25 |
| 3 . . | 70 | 65 | 16 . . | 376 | 80 |
| 4 . . | 94 | 20 | 17 . . | 400 | 35 |
| 5 . . | 117 | 75 | 18 . . | 423 | 90 |
| 6 . . | 141 | 30 | 19 . . | 447 | 45 |
| 7 . . | 164 | 85 | 20 . . | 471 | » |
| 8 . . | 188 | 40 | 21 . . | 494 | 55 |
| 9 . . | 211 | 95 | 22 . . | 518 | 10 |
| 10 . . | 235 | 50 | 23 . . | 541 | 65 |
| 11 . . | 259 | 5 | 24 . . | 565 | 20 |
| 12 . . | 282 | 60 | 25 . . | 588 | 75 |
| 13 . . | 306 | 15 | 40 . . | 942 | » |

## DOUBLE-LOUIS.

—

| | fr. | c. | | | fr. | c. |
|---|---|---|---|---|---|---|
| 1 | 47 | 20 | 9 | | 424 | 80 |
| 2 | 94 | 40 | 10 | | 472 | » |
| 3 | 141 | 60 | 11 | | 519 | 20 |
| 4 | 188 | 80 | 12 | | 566 | 40 |
| 5 | 236 | » | 13 | | 613 | 60 |
| 6 | 283 | 20 | 14 | | 660 | 80 |
| 7 | 330 | 40 | 15 | | 708 | » |
| 8 | 377 | 60 | | | | |

## TROIS LIVRES.

| | fr. | c. | | fr. | c. |
|---|---|---|---|---|---|
| 1... | 2 | 75 | 21.. | 57 | 75 |
| 2... | 5 | 50 | 23.. | 63 | 25 |
| 3... | 8 | 25 | 25.. | 68 | 75 |
| 4... | 11 | » | 27.. | 74 | 25 |
| 5... | 13 | 75 | 29.. | 79 | 75 |
| 6... | 16 | 50 | 30.. | 82 | 50 |
| 7... | 19 | 25 | 33.. | 90 | 75 |
| 8... | 22 | » | 36.. | 99 | » |
| 9... | 24 | 75 | 39.. | 107 | 25 |
| 10... | 27 | 50 | 40.. | 110 | » |
| 11... | 30 | 25 | 44.. | 121 | » |
| 12... | 33 | » | 48.. | 132 | » |
| 13... | 35 | 75 | 50.. | 137 | 50 |
| 14... | 38 | 50 | 55.. | 151 | 25 |
| 15... | 41 | 25 | 60.. | 165 | » |
| 16... | 44 | » | 100.. | 275 | » |
| 17... | 46 | 75 | 200.. | 530 | » |
| 18... | 49 | 50 | 300.. | 825 | » |
| 19... | 52 | 25 | 400.. | 1100 | » |
| 20... | 55 | » | | | |

## SIX LIVRES.

| | fr. | c. | | fr. | c. |
|---|---|---|---|---|---|
| 1 .. | 5 | 80 | 20.. | 116 | » |
| 2 .. | 11 | 60 | 21.. | 121 | 80 |
| 3 .. | 17 | 40 | 23.. | 133 | 40 |
| 4 .. | 23 | 20 | 25.. | 145 | » |
| 5 .. | 29 | » | 27.. | 156 | 60 |
| 6 .. | 34 | 80 | 29.. | 168 | 20 |
| 7 .. | 40 | 60 | 30.. | 174 | » |
| 8 .. | 46 | 40 | 33.. | 191 | 40 |
| 9 .. | 52 | 20 | 36.. | 208 | 80 |
| 10 .. | 58 | » | 39.. | 226 | 20 |
| 11 .. | 63 | 80 | 40.. | 232 | » |
| 12 .. | 69 | 60 | 44.. | 255 | 20 |
| 13 .. | 75 | 40 | 48.. | 278 | 40 |
| 14 .. | 81 | 20 | 50.. | 290 | » |
| 15 .. | 87 | » | 55.. | 319 | » |
| 16 .. | 92 | 80 | 60.. | 348 | » |
| 17 .. | 98 | 60 | 100.. | 580 | » |
| 18 .. | 104 | 40 | 150.. | 870 | » |
| 19 .. | 110 | 20 | 200.. | 1160 | » |

# 86. TABLEAU

# DES MESURES DE LONGUEUR.

| ANCIENNES, | | | | NOUVELLES. | |
|---|---|---|---|---|---|
| Lignes. | Pouces. | Pieds. | Toises. | Centimèt. | Millimèt. |
| 1 | | | | | 2 |
| 2 | | | | | 5 |
| 4 | | | | | 9 |
| 8 | | | | | 18 |
| 11 | | | | | 25 |
| 12 ou | 1 | | | | 27 |
| | 2 | | | | 54 |
| | 3 | | | | 81 |
| | 4 | | | | 108 |
| | 5 | | | | 135 |
| | 6 | | | | 162 |
| | 7 | | | | 189 |
| | 8 | | | | 217 |
| | 9 | | | | 244 |
| | 10 | | | 27 | |
| | 11 | | | 29 | |
| | 12 ou | 1 | | 32 | |
| | | 2 | | 65 | |
| | | 3 | | 97 | |
| | | 4 | | 129 | |
| | | 5 | | 162 | |
| | | 6 ou | 1 | 194 | |
| | | | 2 | 389 | |
| | | | 4 | 779 | |
| | | | 8 | 1559 | |
| | | | 10 | 1949 | |

| ANCIENNES. | | NOUV. | ANCIENNES. | | NOUV. |
| Fractions de l'aune. | Aunes. | Centi-mètres. | Fractions de l'aune. | Aunes. | Centi-mètres. |
|---|---|---|---|---|---|
| 1/32 | | 3 | | 7 | 831 |
| 1/24 | | 5 | | 8 | 950 |
| 1/16 | | 7 | | 9 | 1069 |
| 1/12 | | 9 | | 10 | 1188 |
| 1/8 | | 14 | | 11 | 1307 |
| 1/6 | | 19 | | 12 | 1426 |
| 1/4 | | 29 | | 15 | 1782 |
| 1/3 | | 39 | | 18 | 2139 |
| 1/2 | | 59 | | 20 | 2376 |
| 2/3 | | 79 | | 30 | 2565 |
| 3/4 | | 89 | | 40 | 4753 |
| | 1 | 118 | | 50 | 5942 |
| | 2 | 237 | | 60 | 7130 |
| | 3 | 336 | | 70 | 8319 |
| | 4 | 475 | | 80 | 9507 |
| | 5 | 504 | | 90 | 10696 |
| | 6 | 713 | | 100 | 11884 |

*Nota*. Le rapport du mètre avec l'ancienne mesure est, d'après la fixation définitive, de 3 pieds 11 lignes 296 millièmes.

# 87. TABLEAU DES POIDS.

| Grains. | Centi-grammes. | Grains. | Centi-grammes. | Grains. | Centi-grammes. |
|---|---|---|---|---|---|
| 1 | 5 | 11 | 58 | 40 | 212 |
| 2 | 10 | 12 | 63 | 45 | 239 |
| 3 | 15 | 15 | 79 | 48 | 254 |
| 4 | 21 | 18 | 95 | 50 | 265 |
| 5 | 27 | 20 | 106 | 54 | 286 |
| 6 | 31 | 24 | 127 | 55 | 292 |
| 7 | 37 | 25 | 132 | 60 | 318 |
| 8 | 42 | 30 | 159 | 65 | 345 |
| 9 | 47 | 35 | 185 | 70 | 371 |
| 10 | 53 | 36 | 191 | 72 ou le gros. | |

| Gros. | Grammes | Centi-grammes. | Onces. | Grammes | Centi-grammes. |
|---|---|---|---|---|---|
| 1 | 3 | 82 | 1 | 30 | 59 |
| 2 | 7 | 64 | 2 | 61 | 18 |
| 3 | 11 | 47 | 3 | 91 | 78 |
| 4 | 15 | 29 | 4 | 122 | 37 |
| 5 | 19 | 12 | 5 | 152 | 97 |
| 6 | 22 | 94 | 6 | 183 | 56 |
| 7 | 26 | 77 | 7 | 214 | 15 |
| 8 ou l'once. | | | 8 ou le marc. | | |

| Marcs. | Onces. | Grammes. | Centigram. | Marcs. | Gram. | Centigram. | Marcs. | Gramm. | Centigram. |
|---|---|---|---|---|---|---|---|---|---|
| 1 |   | 244 | 75 | 2 | 489 | 5o | 20 | 4895 | » |
| 1 | 1 | 275 | 35 | 3 | 734 | 25 | 3o | 7342 | 5o |
| 1 | 2 | 3o5 | 90 | 4 | 979 | » | 4o | 9790 | » |
| 1 | 3 | 336 | 55 | 5 | 1223 | 75 | 5o | 12237 | 5o |
| 1 | 4 | 367 | 10 | 6 | 1468 | 5o | 6o | 14685 | » |
| 1 | 5 | 397 | 7o | 7 | 1713 | 25 | 7o | 17132 | 5o |
| 1 | 6 | 428 | 3o | 8 | 1958 | » | 8o | 19580 | » |
| 1 | 7 | 458 | 90 | 9 | 2202 | 75 | 9o | 22027 | 5o |
| 1 | 8 ou 2 marcs, ou 1 livre. | | | 10 | 2447 | 5o | 100 | 24475 | » |

# 88. NOTIONS GÉNÉRALES

## SUR DIVERSES MESURES.

## BOIS DE CHAUFFAGE.

| Ancienne Mesure. | Rapport avec la Nouvelle. | Nouvelle Mesure. | Rapport avec l'Ancienne. |
|---|---|---|---|
| 1 voie. . . | 1 $^{stère}$ 9/10 | D$^{ble}$ stère, | 1 $^{voie}$ 1/20 |
| Corde dite de grand bois.. | 4 — 2/5 | 5 stères. | lad. c. 1/7 |
| Corde dite de port. . . . . | 4 — 4/5 | 5 stères. | *id.*  1/25 |

## MATIÈRES SÈCHES.

1 litron vaut 79 centilitres.

16 litrons, ou le boisseau, valent 12 lit. 70 c.

1 litre vaut 1 litron 1/4.

10 litres, ou décalit., valent 4/5 du boisseau.

100 litres, ou hectol., valent 7 boiss. 9/10.

1000 litres, ou kilolitre, valent 79 boisseaux.

| Ancienne Mesure. | Rapport avec la Nouvelle. | Ancienne Mesure. | Rapport avec la Nouvelle. |
|---|---|---|---|
| Boisseaux. | Litres. | Setiers. | Litres. |
| Le Setier contenait : | | Le Muid contenait : | |
| 12 de grain. | 152 | 12 de grain. | 1828 |
| 24 d'avoine. | 305 | 12 d'avoine. | 3657 |
| 16 de sel. | 203 | 12 de sel. | 2437 |
| 32 de charb. | 406 | 10 de charb. | 4062 |

*NOTA.* Le sac de farine est du poids de 159 kilogrammes : le produit de sa manipulation est calculé sur 100 pains de 2 kilogrammes ; mais il est toujours supérieur, plus ou moins, selon la qualité de la farine.

## 89. LIQUIDES.

| Ancienne Mesure. | Rapport avec la Nouvelle. | | Mesure Nouvelle. | Rapport avec l'Ancienne. |
|---|---|---|---|---|
| | Litr. | Centil. | | |
| Roquille. | » | 3 | 1 litre. . . | 1 pinte 1/20 |
| Poisson.. | » | 11 | | |
| Demi-Se-tier. . . . | » | 23 | 10 lit. , ou 1 déca-litre. . . . | 10 p. 1/2 |
| Chopine. | » | 47 | | |
| Pinte.. . . | » | 95 | | |
| 8 Pintes, ou 1 Se-tier. . . . | 7 | 61 | 100 litres, ou 1 hec-tolitre. . | 105 p. |
| Feuillette ou 18 Se-tier. . . . | 137 | » | 1000 lit., ou 1 ki-lolitre. . | 1050 p. |
| 2 Feuil-lettes de 288 Pin-tes, ou 1 Muid.. . | 274 | » | | |

Le kilolitre répond assez exactement au tonneau de Bordeaux.

## 90. MESURES AGRAIRES.

Il existait, entre autres, l'arpent d'ordonnanee ou des Eaux et Forêts, composé de 100 perches ; la perche de 22 pieds ; et l'arpent de Paris composé, aussi, de cent perches, mais la perche de 18 pieds.

Aujourd'hui ce sont des ares et des hectares : l'are contient 10 mètres quarrés ; le centiare un mètre quarré ; et l'hectare 1000 mètres quarrés.

| Ancienne Mesure. | Rapport avec la Nouvelle. | | Nouvelle Mesure. | Rapport avec l'Ancienne. | |
|---|---|---|---|---|---|
| | ares. | centiar. | | | |
| 1 perche d'ordon. | » | 51 | 1 are.... | 1p$^{he}$19/20 | |
| 1 perche de Paris. | » | 34 | 1 are.... | 2p$^{he}$23/25 | |
| | | | | arp. | perch. |
| 1 arpent d'ordon. | 51 | 7 | 1 hectare. | 1 | 94 |
| 1 arpent de Paris. | 34 | 19 | 1 hectare. | 2 | 90 |

## 91. MESURES DE DISTANCE.

Il y avoit, entre autres, la lieue de poste de 2,000 toises ; la lieue commune de 25 au degré ; et la lieue marine de 20 au degré.

Aujourd'hui ce sont des kilomètres et des myriamètres. Le kilomètre est composé de 1000 mètres, et répond à 513 toises ou au 1/4 de lieue de poste. Le myriamètre est composé de 10,000 mètres, et répond à 5,130 toises.

| Ancienne Mesure. | Rapport avec la Nouvelle, | Nouvelle Mesure. | Rapport avec l'Ancienne. |
|---|---|---|---|
| 1 lieue de poste... | 3 kil. 9/10 | 1 myria. | 2 lieues 1/2 |
| 1 l. commune... | 4 — 1/2 | 1 ———— | 2 — 1/4 |
| 1 l. marit. | 5 — 1/2 | 1 ———— | 1 — 4/5 |

## 92. MESURES DE SUPERFICIE,

### MESURES DE SOLIDITÉ OU CUBIQUES.

Il ne sera question de ces mesures, que pour compléter ce qui a rapport au système décimal.

La mesure de superficie a pour objet une étendue plane, quarrée.

La mesure cubique s'applique aux grandeurs qui ont trois dimensions : la longueur, la largeur, la hauteur ou profondeur.

Une observation essentielle, c'est que le rapport entre les mesures, au lieu d'être décimal comme dans les mesures de longueur, est centésimal dans celles de superficie, et millésimal dans celles cubiques ; en sorte que le décimètre de superficie est la 100e. partie du mètre quarré; le décimètre cube est la 1000e. partie du mètre cube , et ainsi en plus ou en moins. .

La toise quarrée contenait 36 pieds ; le pied , 144 pouces ; le pouce, 144 lignes.

Le pouce cube était de 1728 lignes ; le pied cube, de 1728 pouces, et la toise cube, de 216 pieds.

Les nouvelles mesures sont plus simples et plus expéditives. On n'opère que sur une seule unité , en choisissant celle la plus propre , à la surface , à mesurer ; et en observant sur le produit , les proportions centésimales ou millésimales ci-dessus indiquées.

---

## ₉3. BOIS DE CHARPENTE.

---

Les bois de charpente se mesuraient et se vendaient au cent de pièces ou solives , dit communément le grand cent. La pièce ou solive était censée une solive de 12 pieds de long , ayant six pouces sur six pouces d'écarissage , équivalant à trois pieds cubes ; en sorte que le grand cent représentait 300 pieds cubes.

L'opération pour trouver cette mesure est, aujourd'hui, très – simple : il suffit de multiplier les deux dimensions de l'écarissage l'une par l'autre, et le produit par la longueur.

On ne croit pas devoir établir ici les rapports de ces anciennes mesures avec les nouvelles, ou de celles-ci avec les anciennes, parce que ces opérations ne sont pas d'un usage assez général pour rendre ces rapprochemens utiles.

## 94. EXTRAIT DE LA LOI

*Relative à la Surveillance du Titre, et à la Perception des Droits de garantie des Matières et Ouvrages d'or et d'argent.*

**Du 19 brumaire an VI.**

'Art. I<sup>er</sup>. Tous les ouvrages d'orfévrerie et d'argenterie fabriqués en France, doivent être conformes aux titres prescrits par la loi, respectivement suivant leur nature.

II. Ces titres, ou la quantité de fin contenue dans chaque pièce, s'exprimeront en millièmes. Les anciennes dénominations de karats et de deniers, pour exprimer le degré de pureté des métaux précieux, n'auront plus lieu.

IV. Il y a trois titres légaux pour les ouvrages d'or, et deux pour les ouvrages d'argent ; savoir, pour l'or :

Le premier, de 920 millièmes (ou 22 karats 2/32 et 1/2 environ ) ;

Le second, de 840 millièmes (20 karats 3/32 et 1/8 ;

Le troisième, de 750 millièmes (18 karats ) ;

Et pour l'argent :

Le premier, de 950 millièmes (11 deniers 9 grains 7/10 ) ;

Le second, de 800 millièmes (9 deniers 11 grains 1/2 ).

V. La tolérance des titres pour l'or est de trois millièmes ; celle des titres pour l'argent est de cinq millièmes.

VI. Les fabricans peuvent employer à leur gré l'un des titres mentionnés en l'article IV , respectivement pour les ouvrages d'or et d'argent, quelle que soit la grosseur ou l'espèce des pièces fabriquées.

VIII. Il y a pour marquer les ouvrages, tant en or qu'en argent, trois espèces principales de poinçons ; *savoir :*

Celui du fabricant, celui du titre,

Et celui du bureau de garantie.

Il y a d'ailleurs deux petits poinçons, l'un pour les menus ouvrages d'or , l'autre pour les menus ouvrages d'argent, trop petits pour recevoir l'empreinte des trois espèces de poinçons précédentes.

Il y a de plus un poinçon particulier pour les vieux ouvrages dits de *hazard.*

Un autre pour les ouvrages venant de l'étranger.

Une troisième sorte pour les ouvrages doublés ou plaqués d'or et d'argent.

Une quatrième sorte dite *poinçon de recense*, qui s'applique par l'Autorité publique, lorsqu'il s'agit d'empêcher l'effet de quelque infidélité relative aux titres et aux poinçons.

Enfin un poinçon particulier pour marquer les lingots d'or et d'argent affinés.

*NOTA.* En exécution d'un décret impérial du 11 prairial an 12, mis en usage dans tous les bureaux de garantie de l'Empire Français au 1er. septembre 1809, les poinçons ont été renouvelés, et il y a eu recense générale.

On trouve le tableau des divers symboles de l'orfévrerie, place Ste.-Opportune, n°. 8, à Paris.

En développement des loi et décret précités, consulter l'instruction adressée, par la Chambre, à tous les Membres de la Compagnie, le 5 juillet 1810, et celles ultérieures parvenues, ou qui pourront être envoyées par la suite, attendu que la Chambre continue à se concerter avec l'Administration des Monnaies, sur les moyens de concilier l'excution de la loi avec les facilités nécessaires pour ne pas entraver les opérations des Commissaires-priseurs.

———

# R ET D'ARGENT,
## UVEAUX POIDS:

ANCIE

| Marc. | Once. | Gros. LE c. | Vaisselle de Proviuce soud.-mont. 200 fr. le kilogr. | | Vaisselle d'Allemag. 159 fr. 25 c. le kilogr. | | Jettons d'argent, 205 fr. 25 c. le kilogr. | | Jettons ou Médailles d'or, 2,894 francs le kilogramme. | |
|---|---|---|---|---|---|---|---|---|---|---|
| | | c. | fr. | c. | fr. | c. | fr. | c. | fr. | c. |
| » | » | »» | » | » | » | » | » | » | » | 3 |
| » | » | »» | » | » | » | » | » | » | » | 5 |
| » | » | »» | » | » | » | » | » | » | » | 10 |
| » | » | 1 | » | I | » | I | » | I | » | 15 |
| » | » | 2 | » | 2 | » | 2 | » | 2 | » | 35 |
| » | » | 3 | » | 3 | » | 3 | » | 3 | » | 45 |
| « | » | 5 | » | 5 | » | 5 | » | 5 | » | 90 |
| » | » | 5 | » | 15 | » | 15 | » | 15 | 2 | 75 |
| » | » | 5 | » | 35 | » | 3o | » | 35 | 5 | 5o |
| » | » | 5 | » | 75 | » | 6o | » | 75 | 11 | 5o |
| » | » | 3 | 1 | 5o | 1 | 20 | 1 | 55 | 22 | 10 |
| » | » | 6 | 3 | 5 | 2 | 4o | 3 | 10 | 44 | 25 |
| » | 1 ou | 8 | 6 | 10 | 4 | 85 | 6 | 25 | 88 | 55 |
| » | 2 | » | 12 | 20 | 9 | 7o | 12 | 55 | 177 | 10 |
| « | 4 | » | 24 | 45 | 19 | 4o | 25 | 10 | 354 | 15 |
| 1 ou | 8 | » | 48 | 95 | 38 | 8o | 5o | 25 | 708 | 3o |
| 2 | » | » | 97 | 9o | 77 | 65 | 100 | 5o | 1,416 | 5o |
| 4 | » | » | 195 | 8o | 155 | 35 | 201 | 5 | 2,833 | 3o |
| 4 | » | 5 | 200 | » | 159 | 55 | 205 | 25 | 2,894 | » |

# TARIF DU PRIX DES MATIÈRES D'OR ET D'ARGENT,
## SOUS LE RAPPORT DES ANCIENS ET NOUVEAUX POIDS.

| Marc. | Once. | Gros. | Grain. | Fractions du Grains. | Kilogramme. | Hectogramme. | Décagramme. | Gramme. | Centigramme. | Vaisselle plate, 204 fr. 51 c. le kilogr. (fr.) | (c.) | Vaisselle soudée, 103 fr. 76 c. le kilogr. (fr.) | (c.) | Vaisselle montée, 202 fr. 24 c. le kilogr. (fr.) | (c.) | Vaisselle plate, dite de Province, 201 fr. 49 c. le kilogr. (fr.) | (c.) | Vaisselle de Province, soud.-mont. 200 fr. le kilogr. (fr.) | (c.) | Vaisselle d'Allemag. 159 fr. 25 c. le kilogr. (fr.) | (c.) | Jettons d'argent, 205 fr. 25 c. le kilogr. (fr.) | (c.) | Jettons ou Médailles d'or, 2,894 francs le kilogramme. (fr.) | (c.) |
|---|---|---|---|---|---|---|---|---|---|---|---|---|---|---|---|---|---|---|---|---|---|---|---|---|---|
| » | » | » | » | 2/10 | » | » | » | » | 1 | » | » | » | » | » | » | » | » | » | » | » | » | » | » | » | 3 |
| » | » | » | » | 4/10 | » | » | » | » | 2 | » | » | » | » | » | » | » | » | » | » | » | » | » | » | » | 5 |
| » | » | » | » | 8/10 | » | » | » | » | 4 | » | » | » | » | » | » | » | » | » | » | » | » | » | » | » | 10 |
| » | » | » | 1 | » | » | » | » | » | 5 | » | 1 | » | 1 | » | 1 | » | 1 | » | 1 | » | 1 | » | 1 | » | 15 |
| » | » | » | 2 | » | » | » | » | » | 10 | » | 2 | » | 2 | » | 2 | » | 2 | » | 2 | » | 2 | » | 2 | » | 35 |
| » | » | » | 3 | » | » | » | » | » | 15 | » | 3 | » | 3 | » | 3 | » | 3 | » | 3 | » | 3 | » | 3 | » | 45 |
| « | » | » | 6 | » | » | » | » | » | 31 | » | 5 | » | 5 | » | 5 | » | 5 | » | 5 | » | 5 | » | 5 | » | 90 |
| » | » | » | 18 | » | » | » | » | » | 94 | » | 15 | » | 15 | » | 15 | « | 15 | » | 15 | » | 15 | » | 15 | 2 | 75 |
| » | » | » | 36 | » | » | » | » | 1 | 91 | » | 35 | » | 35 | » | 35 | » | 35 | » | 35 | » | 30 | » | 35 | 5 | 50 |
| » | » | 1ou | 72 | » | » | » | » | 3 | 82 | » | 75 | » | 75 | » | 75 | » | 75 | » | 75 | » | 60 | » | 75 | 11 | 50 |
| » | » | 2 | » | » | » | » | » | 7 | 64 | 1 | 55 | 1 | 55 | 1 | 50 | 1 | 50 | 1 | 50 | 1 | 20 | 1 | 55 | 22 | 10 |
| » | » | 4 | » | » | » | » | 1 | 5 | 29 | 3 | 10 | 3 | 10 | 3 | 5 | 3 | 5 | 3 | 5 | 2 | 40 | 3 | 10 | 44 | 25 |
| » | 1ou | 8 | » | » | » | » | 3 | 0 | 59 | 6 | 20 | 6 | 20 | 6 | 15 | 6 | 15 | 6 | 10 | 4 | 85 | 6 | 25 | 88 | 55 |
| » | 2 | » | » | » | » | » | 6 | 1 | 18 | 12 | 50 | 12 | 45 | 12 | 35 | 12 | 30 | 12 | 20 | 9 | 70 | 12 | 55 | 177 | 10 |
| « | 4 | » | » | » | » | 1 | 2 | 2 | 37 | 25 | 5 | 24 | 90 | 24 | 75 | 24 | 65 | 24 | 45 | 19 | 40 | 25 | 10 | 354 | 15 |
| 1ou | 8 | » | » | » | » | 2 | 4 | 4 | 75 | 50 | 10 | 49 | 85 | 49 | 50 | 49 | 30 | 48 | 95 | 38 | 80 | 50 | 25 | 708 | 30 |
| 2 | » | » | » | » | » | 4 | 8 | 8 | 50 | 100 | 20 | 99 | 75 | 99 | » | 98 | 65 | 97 | 90 | 77 | 65 | 100 | 50 | 1,416 | 50 |
| 4 | » | » | » | » | » | 9 | 7 | 7 | 00 | 200 | 35 | 199 | 55 | 198 | 5 | 197 | 30 | 195 | 80 | 155 | 35 | 201 | 5 | 2,833 | 30 |
| 4 | » | 5 | 35 | » | 1 | 0 | 0 | 0 | 00 | 204 | 51 | 203 | 76 | 202 | 24 | 201 | 49 | 200 | » | 159 | 55 | 205 | 25 | 2,894 | » |

## SUITE DU TARIF des Prix des Matières d'or et d'argent, etc.

| NOUVEAUX POIDS. | | | | | VAISSELLE plate. | VAISSELLE soudée. | VAISSELLE montée. | VAISSELLE plate. dite de Province. | VAISSELLE de Province soudée-montée. | VAISSELLE d'Allemagne. | JETTONS d'argent. | JETTONS ou MÉDAILLES d'or. |
|---|---|---|---|---|---|---|---|---|---|---|---|---|
| Myriagramme. | Kilogramme. | Hectogramme. | Décagramme. | Gramme. | fr. c. | fr. c. | fr. c. | fr. c. | fr. c. | fr. c. | fr. c. | fr. c. |
| » | » | » | » | 1 | » 20 | » 20 | » 20 | » 20 | » 20 | » 16 | » 20 | 2 89 |
| » | » | » | » | 2 | » 40 | » 40 | » 40 | » 40 | » 40 | » 32 | » 40 | 5 79 |
| » | » | » | » | 5 | 1 2 | 1 2 | 1 1 | 1 1 | 1 » | » 80 | 1 2 | 14 47 |
| » | » | » | 1 ou 10 | » | 2 5 | 2 4 | 2 2 | 2 3 | 2 » | 1 60 | 2 5 | 28 94 |
| » | » | » | 2 | » | 4 9 | 4 8 | 4 5 | 4 4 | 4 » | 3 19 | 4 11 | 57 88 |
| » | » | » | 5 | » | 10 23 | 10 19 | 10 11 | 10 8 | 10 » | 7 98 | 10 26 | 144 70 |
| » | » | 1 ou 10 | » | » | 20 45 | 20 38 | 20 22 | 20 15 | 20 » | 15 95 | 20 53 | 289 » |
| » | » | 2 | » | » | 40 90 | 40 75 | 40 45 | 40 30 | 40 » | 31 91 | 41 5 | 578 80 |
| » | » | 5 | » | » | 102 26 | 101 88 | 101 12 | 100 75 | 100 » | 79 78 | 102 63 | 1,447 » |
| » | 1 ou 10 | » | » | » | 204 51 | 203 76 | 202 24 | 201 49 | 200 » | 159 55 | 205 25 | 2,894 » |
| » | 2 | » | » | » | 409 2 | 407 52 | 404 48 | 402 98 | 400 » | 319 10 | 410 50 | 5,788 » |
| » | 5 | » | » | » | 1,022 55 | 1,018 80 | 1,011 20 | 1,007 45 | 1,000 » | 797 75 | 1,026 25 | 14,470 » |
| 1 ou 10 | » | » | » | » | 2,045 10 | 2,057 60 | 2,022 40 | 2,014 90 | 2,000 » | 1,595 50 | 2,052 50 | 28,949 40 |

NOTA. Dans les Tableaux qui précédent, on a dû indiquer les nouveaux Poids sous toutes les dénominations; mais dans l'usage, on sait qu'il faut les réduire autant que possible. Ainsi, au lieu d'exprimer un Poids de cette manière : 1 décag. 5 gram. 29 centig. (4 gros), il vaut mieux, joignant la décimale à l'unité, dire : 15 gram. 29 centig. ; et au lieu de 1 hectog. 2 décag. 2 gram. 37 centig. (4 onces), 122 gram. 37 centig. ; ainsi du reste.

Pour cela, il ne faut que couper la ligne des chiffres par tranches de droite à gauche, les deux premiers chiffres sont des centig., les autres sont des grammes. La ligne entière des chiffres considérée en totalité, représente des centigrammes.

## d'or et d'argent, etc.

| Myriagramme | Kilogramme | NOUVELLE once montée | | VAISSELLE d'Allemagne | | JETTONS d'argent | | JETTONS ou MÉDAILLES d'or | |
|---|---|---|---|---|---|---|---|---|---|
| | | fr | c | fr | c | fr | c | fr | c |
| » | » | » | 20 | » | 16 | » | 20 | 2 | 89 |
| » | » | » | 40 | » | 32 | » | 40 | 5 | 79 |
| » | » | 1 | » | » | 80 | 1 | 2 | 14 | 47 |
| » | » | 2 | » | 1 | 60 | 2 | 5 | 28 | 94 |
| » | » | 4 | » | 3 | 19 | 4 | 11 | 57 | 88 |
| » | » | [illegible] | » | 7 | 98 | 10 | 26 | 144 | 70 |
| » | » | [illegible] | » | 15 | 95 | 20 | 53 | 289 | » |
| » | » | [illegible] | » | 31 | 91 | 41 | 5 | 578 | 80 |
| » | » | [illegible] | » | 79 | 78 | 102 | 63 | 1,447 | » |
| » | » | [illegible] | » | 159 | 55 | 205 | 25 | 2,894 | » |
| » | » | [illegible] | » | 319 | 10 | 410 | 50 | 5,788 | » |
| » | » | [illegible] | » | 797 | 75 | 1,026 | 25 | 14,470 | » |
| » | » | [illegible] | » | 1,595 | 50 | 2,052 | 50 | 28,949 | 40 |

1 ou 10

Note.
réduir[e]
male
Pou[r]
gram[me]

...énominations ; mais dans l'usage, on sait qu'il faut les
29 centig. (4 gros), il vaut mieux, joignant la déci-
(4 onces), 122 gram. 37 centig. ; ainsi du reste.
premiers chiffres sont des centig., les autres sont des

# 96. RAPPORT

## DU CALENDRIER FRANÇAIS

### AVEC LE CALENDRIER GRÉGORIEN.

*( Celui-ci est seul en usage depuis le 1er jan-*
*vier 1806. )*

———

Vendémiaire correspondait du 22 sep-
tembre au 21 octobre.
Brumaire.    — 22 oct. au 20 novembre.
Frimaire.    — 21 nov. au 20 décembre.
Nivôse.    — 21 décemb. au 19 janvier.
Pluviôse.    — 20 janvier au 18 février.
Ventôse.    — 19 février au 20 mars.
Germinal.    — 21 mars au 19 avril.
Floréal.    — 20 avril au 19 mai.
Prairial.    — 20 mai au 18 juin.
Messidor.    — 19 juin au 18 juillet.
Thermidor.    — 19 juillet au 17 août.
Fructidor.    — 18 août au 16 septembre.
Jours compl. — 17 septembre au 21 du
même mois.

Et un jour de plus dans les années bissext.

Selon que l'année commence le 23 ou le
24, au lieu du 22, il y a à reporter le commencement de chaque mois au jour suivant.

L'AN

| | | | |
|---|---|---|---|
| **2** | a commencé le... | 22 *septembre* 1793 | |
| | et s'est terminé le.. | 21——————1794 | |
| **3** | Bissextile. | { 22——————1794 | |
| | | { 22——————1795 | |
| **4** | . . . . . . . | { 23——————1795 | |
| | | { 21——————1796 | |
| **5** | . . . . . . . | { 22——————1796 | |
| | | { 21——————1797 | |
| **6** | . . . . . . | { 22——————1797 | |
| | | { 21——————1798 | |
| **7** | Bissextile. | { 22——————1798 | |
| | | { 22——————1799 | |
| **8** | . . . . . . | { 23——————1799 | |
| | | { 22——————1800 | |
| **9** | . . . . . . | { 23——————1800 | |
| | | { 22——————1801 | |
| **10** | . . . . . . | { 23——————1801 | |
| | | { 22——————1802 | |
| **11** | Bissextile. | { 23——————1802 | |
| | | { 23——————1803 | |
| **12** | . . . . . . | { 24——————1803 | |
| | | { 22——————1804 | |
| **13** | . . . . . . | { 23——————1804 | |
| | | { 22——————1805 | |

L'AN

**14** a commencé le. . . 23 *septembre* 1805.
se serait terminé le 22————————1806

**15** Biss. aurait com. le 23————————1806
se serait terminé le 23————————1807.

**16**. . . . . . . . $\left\{\begin{array}{l}24————————1807\\22————————1808\end{array}\right.$

**17**. . . . . . . . $\left\{\begin{array}{l}23————————1808\\22————————1809\end{array}\right.$

**18**. . . . . . . . $\left\{\begin{array}{l}23————————1809\\22————————1810\end{array}\right.$

**19** Bissextile. $\left\{\begin{array}{l}23————————1810\\23————————1811\end{array}\right.$

**20**. . . . . . . . $\left\{\begin{array}{l}24————————1811\\22————————1812\end{array}\right.$

**21**. . . . . . . . $\left\{\begin{array}{l}23————————1812\\22————————1813\end{array}\right.$

**22**. . . . . . . . $\left\{\begin{array}{l}23————————1813\\22————————1814\end{array}\right.$

Au moyen de la table qui précède, on peut assez facilement trouver la correspondance d'un jour donné.

Par exemple, pour trouver le jour correspondant au 28 thermidor an 6, cette année ayant commencé le 22 septembre 1797, thermidor répondant de juillet à août, a dû commencer le 19 juillet; il y a 13 jours de juillet, ajoutant 15 pour compléter 28, ce jour correspond au 15 août 1798.

Pour trouver le jour correspondant au 10 frimaire an 12, cette année ayant commencé le 24 septembre 1803, frimaire répondant de novembre à décembre, a dû commencer le 23 novembre; il y a 8 jours de novembre; ajoutant 2, ce jour correspond au 2 décembre.

Il paraît inutile de multiplier les exemples.

# 97. TARIF

## DES DROITS DE PESAGE,

### MESURAGE ET JAUGEAGE

#### ATTRIBUÉS A LA VILLE DE PARIS.

**PESAGE A 10 CENTIM. PAR CENT KILOG.**

| | | |
|---|---|---|
| Avoine. | Fer en verges. | Orge. |
| Bled. | Ferrailles. | Poix blanche , |
| Beurre frais ou | Filasse. | noire et grasse. |
| salé. | Foin. | Poix et résine. |
| Blanc d'Espag. | Fontes en | Plomb en sau- |
| Blanc de céruse. | gueuses. | mon. |
| Bourre. | Fruits frais. | Potasse. |
| Braie. | Goudron. | Recoupes. |
| Cendre. | Graisses. | Remoulage. |
| Charbon. | Herbes potagèr. | Sel ordinaire. |
| Craie. | Houblon. | Son. |
| Etain. | Huiles com- | Soude. |
| Etoupes. | munes. | Suif. |
| Farines de toute | Ocre. | |
| espèce. | Paille. | |

**NOTA.** Toutes les marchandises non comprises dans l'article ci-dessus paieront 20 cent. par cent kilogrammes, au terme dé l'arrêté du Gouvernement, du 6 prairial an 11.

## MESURAGE AU BOISSEAU, OU DÉCALITRE.

Avoine. Son. Remoulage.

Charbon de terre, plâtre, chaux, par boisseau ou décalitre. . . . . . . . . 1/2 c.

Blé, orge, grains et grenailles,
par décalitre. . . . . . . . . . . 1

### Mesurage au Mètre.

Par chaque mètre. . . . . . . . . . 1 c.

### Charbon.

Par double hect. en vase. . . . . 10

### Mesurage en Stère.

Par chaque stère de bois. . . . . 15

### Cubage.

Par mètre cube de bois et autres
matériaux. . . . . . . . . . . . . 5

## JAUGEAGE.

*Vins de France, Bierre, Cidre, Huile.*

Par pièce de 150 lit. et au-dessous.   20 c.
   *Id.* de 151 à 200. .   .   .   . 25
   *Id.* de 201 à 300. .   .   .   . 30
   *Id.* de 301 à 400. .   .   .   . 40
   *Id.* de 401 à 500. .   .   .   . 50
   *Id.* de 501 à 600. .   .   .   . 60

*Vins étrangers, Esprits, Eau-de-vie,*
*Liqueurs, Huiles fines.*

Par pièce de 100 lit. et au-dessous.   20 c.
   *Id.* de 101 à 150. .   .   .   . 25
   *Id.* de 150 à 200. .   .   .   . 30
   *Id.* de 201 à 300. .   .   .   . 40
   *Id,* de 301 à 400. .   .   .   . 50
   *Id.* de 401 à 500. .   .   .   . 60
   *Id.* de 501 à 600. .   .   .   . 70

# FIN.

# TABLE

## DES CHAPITRES,

SECTIONS, PARAGRAPHES, MODÈLES, TABLEAUX ET TARIFS.

FIN DE LA TABLE.